Nikolaus Nützel

SPRACH ZAUBER

Warum unser Blabla mehr als Hokuspokus ist

arsEdition

INHALT

1 Mit Worten die Welt verändern 4
Wie Menschen früher mit Sprache das Leben beeinflussen wollten –
und heute immer noch wollen. Und warum sie dabei Spieler sind.

2 Der alltägliche Zauberstab 16
Warum es gute Gründe gibt, Sprache wirklich als etwas Magisches zu
sehen. Und als etwas, das den Menschen vom Tier unterscheidet.

3 Mit Aliens reden 28
Warum Reisen in andere Sprachgalaxien unser Denken verändern
könnten.

4 Bauanleitung für eine Sprache 38
Was man über den Zauber der Sprache lernen kann, wenn man
anfängt, selbst eine zu bauen.

5 Sprache als Geheimnis 52
Warum Menschen Botschaften verschlüsseln – und wie sie das tun.

6 Sprichst du Jugend, Diggah? 66
Was dabei herauskommt, wenn junge Menschen ihren ganz eigenen
Zauberstab über der Sprache schwingen – und wenn ältere sich
damit beschäftigen.

7 Das ist der Hamar! 74
Warum wir nicht mehr so sprechen wie früher – und
warum wir in tausend Jahren nicht mehr so
sprechen werden wie heute.

8 Die Macht und der Mai 90
   Wie leicht es passieren kann, dass wir uns falsch verstehen – und
   warum es magisch ist, dass wir trotzdem meist wissen, was gemeint ist.

9 Mit Wörtern sehen 104
   Prägt unsere Sprache unseren Blick auf die Welt?

10 Wörter machen Wirklichkeit 112
   Wie schon einzelne Wörter beeinflussen, was wir wahrnehmen und
   wie wir handeln.

11 Sprache als Waffe 122
   Wie Schimpfwörter Schaden anrichten – wie sie aber auch hilfreich sein
   können.

12 Sprache als Spielzeug –
   ganz ohne Akku-Probleme 134
   Wie Wörter wirr, wackelig wandern,
   wuchern, wachsen – wundersam,
   wunderbar!

Register 139

Verwendete Literatur
   140

01 MIT WORTEN DIE WELT VERÄNDERN

Wie Menschen früher mit Sprache das Leben beeinflussen wollten – und heute immer noch wollen. Und warum sie dabei Spieler sind.

→ »AVADA KEDAVRA!«

Wenn dieser Spruch gesagt wird, geschieht in der Welt, die sich Joanne K. Rowling rund um Harry Potter, Lord Voldemort oder Gellert Grindelwald ausgedacht hat, das Schlimmste. Zauberer oder auch normale Menschen sterben. Mit diesem Spruch ist nicht zu spaßen, er ist in der Rowling-Welt streng verboten. Nur Verbrecher benutzen ihn. Bemerkenswert ist dabei: Als die Buchautorin und Drehbuchschreiberin sich den todbringenden Spruch ausdachte, hat sie sich an einem Wort orientiert, das eigentlich als der Inbegriff des Kinder-Zauber-Krimskrams gilt: Abracadabra. Dieser in ganz Europa bekannte Zauberspruch wird in Deutschland gerne um weitere kindlich klingende Worte ergänzt: Hokuspokus. Fidibus. Simsalabim.

Doch die längste Zeit der Menschheitsgeschichte waren solche Zauberworte nichts Lustiges. Und die Menschen nutzten

ABRA-
CADABRA!

Zaubersprüche auch nicht, um spannende Geschichten zu erfinden, die keinen anderen Zweck hatten, als zu unterhalten – so wie die Bücher und Filme der Rowling-Welt von *Harry Potter* bis zu den *Phantastischen Tierwesen*. Tausende Jahre lang waren die Menschen fest davon überzeugt, dass man mit Wörtern die Welt verändern kann: andere verliebt machen, Stürme abwenden, Unglücke verhindern, andere krank machen oder gar töten, aber auch Krankheiten heilen.

Wer etwas genauer hinschaut, findet auch heute noch Beispiele dafür, dass Wörter eine gewaltige Kraft entfalten können. Und wer sich die menschliche Sprache insgesamt ansieht, wird feststellen: Sie ist ein geradezu magisches Werkzeug. Aber sie ist auch ein Spielzeug. Ein Zauberspielzeug. (Auch dieses Buch ist in gewisser Weise ein Spielzeug. Ein Rätselspielzeug. Es ist etwas darin versteckt. Herauszufinden, was das ist, sollte nicht allzu schwer sein. Es gibt mehrere Verstecke. Und eine Auflösung findet sich im letzten Kapitel.)

Mit Worten Krankheiten bekämpfen

Wie lange die Menschen schon Sprache und Magie verbinden, lässt sich nicht sagen. Im Englischen etwa steckt im Wort »spell«, das meist mit »buchstabieren, erklären« übersetzt wird, gleichzeitig auch Zauberkraft: »To put a spell on somebody« heißt »jemanden verzaubern«. Wahrscheinlich gab es längst Zaubersprüche und Beschwörungsformeln, ehe vor rund 6000 Jahren die Schrift erfunden wurde. Die Lautfolge Abracadabra ist erstmals schriftlich dokumentiert in einem sehr alten Buch, in dem es darum geht, wie sich Erkrankungen heilen lassen.

Der römische Gelehrte Quintus Serenus Sammonicus hat vor rund 1900 Jahren aufgeschrieben, wie man die Lautfolge einsetzen soll, um eine Fieberkrankheit zu bekämpfen. Das Zauberwort solle auf ein Papyrusblatt geschrieben werden, in der Zeile darunter ein weiteres Mal, aber um einen Buchstaben gekürzt, und immer so weiter. Dieses Blatt, auf dem die Zauberzeichen Zeile für Zeile verschwinden, solle dem Fieberkranken um den Hals gehängt werden. Dann werde auch das Fieber verschwinden, so die Idee. Das Fieber-Heilmittel sah also so aus:

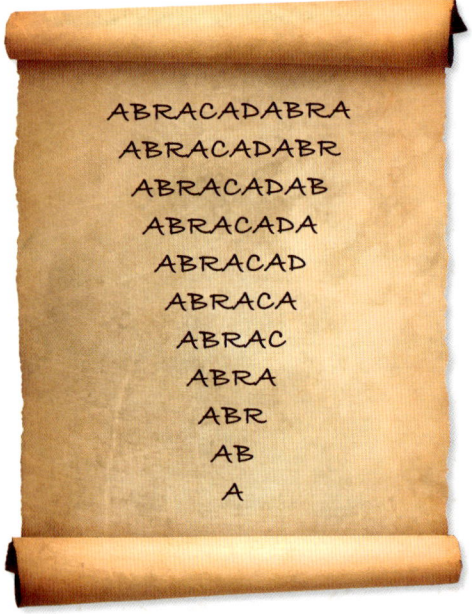

```
ABRACADABRA
ABRACADABR
ABRACADAB
ABRACADA
ABRACAD
ABRACA
ABRAC
ABRA
ABR
AB
A
```

In anderen Texten hieß es später, dieses sogenannte Schwindeschema lasse sich auch anwenden, indem jeweils vorne und hinten ein Buchstabe weggelassen wird:

Die Buchstabenfolge »Abracadabra« wird seit Langem etwa auf Amuletten abgebildet.

Zur Römerzeit und wohl schon lange davor waren die Menschen also fest überzeugt, dass in der Lautfolge Abracadabra nicht nur hübsches Tongeklingel steckt, sondern echte Zauberkraft. Wo das Zauberwort seinen Ursprung hat, ist unklar. Es gibt Erklärungen, die es auf Sprachen des östlichen Mittelmeerraums – wie das Hebräische, das Aramäische oder auch das Griechische – zurückführen. Einige Forscher haben eine ganz andere Deutung: Diese Lautfolge habe sich vielleicht nur deswegen als Zauberwort durchgesetzt, weil sie gut klingt. Wer mal genauer hinhört, wie gerne Menschen von Kindesbeinen an mit der Sprache spielen, wird auch der »Klingt gut«-Theorie etwas abgewinnen können.

Der Klang ist auch wichtig bei einem anderen bekannten Zauberwort, dessen Herkunft im Dunkeln liegt:

HOKUSPOKUS

Eindeutig ist hier nach Ansicht von Sprachwissenschaftlern nur, dass der wohlklingende Reim, der in dem Wort steckt, dazu beigetragen hat, dass es sich schon vor Jahrhunder-

ten in verschiedenen Ländern Europas verbreitete. Daneben gibt es die Theorie, dass es aus lateinischen Wörtern zusammengemischt ist, die der Priester nach der Tradition im katholischen Gottesdienst beim Abendmahl spricht: »Hoc est enim corpus meum.« Auf Deutsch: »Denn das ist mein Leib.« Wenn man den heiligen lateinischen Satz zusammenquetscht und schlampig ausspricht, kann tatsächlich etwas herauskommen, das nach »Hokuspokus« klingt. Echte Zauberkraft wurde diesem Wort aber schon vor Jahrhunderten nicht mehr so recht zugesprochen. Bereits vor mehr als 300 Jahren wurde es mit der Bedeutung versehen, die es heute noch hat: abergläubischer Kinderkram, Spielzeug ohne Zauberkraft.

Heilige Worte

Die Grenze zwischen Glaube und Aberglaube ist allerdings noch nie besonders eindeutig gewesen.

Grundlage vieler Religionen ist die Überzeugung, dass es Worte und Texte gibt, in denen wirklich und unhinterfragbar eine überirdische Kraft steckt. Von »Buchreligionen« ist die Rede, wenn sich eine Glaubensrichtung auf Texte stützt, die von den Gläubigen als göttliche Worte betrachtet werden.

Die Bibel, die die Grundlage des christlichen Glaubens bildet, wird oft als »Heilige Schrift« bezeichnet. Der Beginn des biblischen Johannes-Evangeliums lässt keinen Zweifel daran, wie mächtig in den Augen von Christen Sprache ist: »Im Anfang war das Wort, und das Wort war bei Gott, und Gott war das Wort.« Auch das Judentum hat heilige Schriften als Grundlage: die Thora. Und im Koran, auf dem der Islam beruht, steht nach Ansicht gläubiger Moslems nichts Geringeres als das, was Gott den Menschen wortwörtlich sagen will. Entsprechend gibt es strenge Regeln, wie man mit dem Koran umgehen muss. Nach der Überzeugung gläubiger Moslems darf er nur mit rituell gereinigten Händen berührt werden. Frauen und Mädchen dürfen den Text während der Zeit ihrer Regelblutung nicht anfassen, denn dann gelten sie als »unrein«.

In vielen Religionen ist es auch ein fest verwurzelter Glaube, dass Menschen mit den Worten, die sie sprechen, andere Menschen – und damit die Welt – verändern können. Wer im Christentum die Taufe erhält, wird nicht nur durch das Wasser verändert, das dabei fließt oder tröpfelt, sondern auch durch die Worte, die dabei gesprochen werden: »Ich taufe dich ...« Derjenige, zu dem diese Worte gesprochen werden, ist hinterher ein anderer: Er ist ein getaufter Christ. Ähnlich ist es mit dem Segnen. Wer die Worte »Ich segne dich« hört, wird nach der Überzeugung vieler Christen verändert.

Alte Wurzeln

Das Gegenstück zum Segen ist der Fluch. Seit Jahrtausenden gibt es auf der ganzen Welt Menschen, die sicher sind, dass man mit Fluchworten Schaden anrichten kann. Aus dem Römischen Reich etwa sind vie-

le Beispiele für sogenannten Schadenzauber überliefert. Damit sollte jemand anderem Unheil, Krankheit oder gar der Tod zugefügt werden. Wie das klingen konnte, zeigt ein rund 1900 Jahre altes Beispiel aus dem damals von Römern besiedelten Nordafrika:

> 66
> TE ROGO, QUI INFER-NALES PARTES TENES, COMMENDO TIBI IULI-AM FAUSTILLAM, MARII FILIAM, UT EAM CELERIES ABDUCAS ET IBI IN NU-MERO TUO HABEAS.
> 99

Auf Deutsch: »Ich bitte dich, der du über die Unterwelt herrschst – und dir übergebe ich Iulia Faustilla, Tochter des Martius, damit du sie schnellstens wegholst und bei dir in der Unterwelt festhältst bei den Toten.«

Der Spruch kann natürlich auch für andere Menschen angewandt werden. Es muss nicht Iulia Faustilla, Tochter des Martius sein. Es könnte auch irgendeine andere Julia sein. Oder eine Cornelia oder Lydia.

Von den Römern sind aber auch Zaubersprüche überliefert, in denen es nicht um Tod und Verfluchung geht. Sondern um Liebe. Etwa in dieser Beschwörung, die im nordafrikanischen Karthago gefunden wurde:

> **URATUR SUCCESSA, ADURATUR AMORE ET DESIDERIO SUCCESSI.**

Auf Deutsch: »Successa soll brennen für Successus und verzehrt werden von Liebe und Sehnsucht.«

Ob Successa damals auf diesen Spruch hin tatsächlich in Liebe entbrannt ist, wissen wir nicht. Und falls die Römerin wirklich von Sehnsucht nach Successus verzehrt worden wäre, hätte man als moderner Mensch natürlich Zweifel, ob es der Zauberspruch war, der da Wirkung entfaltete – oder nicht doch einfach nur die unübersehbare Verknalltheit des Successus, der sie mit diesem Spruch verzaubern wollte. Auch hier lassen sich übrigens selbstverständlich andere Namen einsetzen. Paula könnte für Paul entflammen sollen. Das würde auf Lateinisch dann so klingen:

> **URATUR PAULA, ADURATUR AMORE ET DESIDERIO PAULI.**

SUCCESSUS

SEHNSUCHT

In der Antike wurden Zaubersprüche oft in Metalltafeln geritzt.

LOVE

Ernste Sachen

Wobei die Menschen früherer Jahrhunderte und Jahrtausende sich davor gehütet hätten, bei Zaubersprüchen nur so aus Spaß mal den einen Namen einzusetzen, mal einen anderen. Dazu war die Sache zu ernst. Schadenzauber galt bei den Römern und auch später im Mittelalter als schweres Verbrechen. Damit spielte man nicht. Wer versuchte, einem anderen mit magischen Sprüchen Leid zuzufügen, konnte im schlimmsten Fall mit dem Tod bestraft werden. Ebenso ernst war es den Menschen früherer Zeiten, wenn sie mit Zaubersprüchen versuchten, Krankheiten zu heilen oder Schmerzen zu vertreiben. Auch wenn es heute schwerfallen mag, manche solcher alten Zaubersprüche und Rituale nicht lächerlich zu finden.

So lässt sich in einem rund 1600 Jahre alten lateinischen Medizinbuch eine Anweisung zur Bekämpfung von Zahnschmerzen nachlesen, die im 21. Jahrhundert nur skurril klingt. Der Schmerzpatient soll sich unter freiem Himmel auf frische Erde stellen. Dann soll er einen Frosch beim Kopf packen, mit den Fingern das Maul des Frosches öffnen und dem Tier in den Mund spucken. Danach soll der Patient den Frosch davonspringen lassen mit dem Satz:

> "
> ROGO TE, RANA,
> UT DENTIUM DOLORES
> TECUM FERAS.
> "

Auf Deutsch: »Ich bitte dich, Frosch, dass du die Zahnschmerzen mit dir nimmst.«

IGITT!!

Würmer vertreiben – Krankheit heilen

Nur fort mit der Krankheit, dieser Gedanke steckt auch hinter einem sehr alten Zauberspruch, der auf deutschem Boden entstanden ist. Der »Wurmsegen«, der vor über tausend Jahren unter dem lateinischen Titel *contra vermes* aufgeschrieben wurde, gilt als einer der ältesten Texte, die aus einer frühen Stufe des Deutschen schriftlich überliefert sind:

Gang ût, nesso,
mit nigun nessiklînon,
ût fana themo marge an that ben,
fan themo bene an that flesg,
ût fan themo flesgke an thia hud,
ût fan thera hud an thesa strala.
Drohtin, uuerthe so!

Die Übersetzung in ein modernes Deutsch kann erst einmal eigenartig klingen:

Geh heraus, Wurm,
mit neun anderen kleinen Würmern,
heraus, von dem Mark in den Knochen,
von den Knochen in das Fleisch,
heraus, von dem Fleisch in die Haut,
heraus, von der Haut in diesen Strahl.
Herr, so geschehe es!

Wie das Wort »strala« zu verstehen ist, darüber gibt es unterschiedliche Einschätzungen. Nach einer Lesart geht es um einen besonderen Teil des Pferdehufes namens »Strahl«, bis in den der Wurm kriechen soll, damit man ihn loswird. In manchen Übersetzungen steht »strala« hingegen für »Pfeil«. Die Idee dahinter ist: Beim Aufsagen des Zauberspruchs wurde über die erkrankte Stelle eine Pfeilspitze gehalten, auf die die Krankheit übertragen werden sollte. Anschließend konnte man sie weit wegschießen.

Im Mittelalter wurden Zauberworte auf Pergamenten festgehalten – etwa die über 1000 Jahre alten *Merseburger Zaubersprüche*.

Bei der Zauberei wurde aber nicht unbedingt erwartet, dass tatsächlich Würmer Stück für Stück durch den erkrankten Körper nach außen kriechen. Vielmehr stand bei den Menschen früherer Jahrhunderte der Begriff »Wurm« auch stellvertretend für alles Mögliche, was mit Krankheit und Schmerzen zu tun hat. Und zwar nicht nur bei Tieren, wie im oben zitierten *Wurmsegen*. Bauchweh? Werden Würmer sein, die an den Därmen nagen. Schmerzen im Bein? Da knabbert wohl eine Wurmfamilie herum, ein großer Wurm mit neun kleinen Wurmkindern. Die wünscht man sich so weit weg wie möglich. Also rauf auf den Pfeil und fort mit ihnen, wenn auch vielleicht nur im übertragenen Sinn. So wie Eltern gerne mal den Schmerz wegpusten, wenn ihr kleiner Sohn oder ihre kleine Tochter hingefallen ist und weint: »Pffft – da fliegt das Aua weg!«

Menschen früherer Jahrtausende und Jahrhunderte nahmen die Sache aber wohl ernster als heutige Eltern. Sie waren fest überzeugt, dass in der Sprache eine Macht steckt, die die Wirklichkeit verändern kann. Eine Macht, die Schaden anrichten kann, aber auch heilen. Und sie glaubten, dass sich diese Macht steigern lässt, wenn man Wörter auf besondere Weise anordnet.

Magie im Viereck

Magisches Quadrat – so wird in der Welt der Zahlen schon seit vielen Jahrhunderten eine besondere Tabelle genannt: Die Summe der Zahlen, die in jedem Kästchen einer solchen Tabelle stehen, ist immer gleich. In einem Bild des Künstlers Albrecht Dürer aus dem Jahr 1514 ist beispielsweise ein Quadrat zu sehen, dessen Summenzahl die 34 ist:

16	3	2	13
5	10	11	8
9	6	7	12
4	15	14	1

Der Künstler Albrecht Dürer hat in sein Bild *Melencolia I* ein magisches Quadrat eingefügt.

Aber auch aus Buchstaben lassen sich magische Quadrate bilden, in denen sich verschiedene Wörter sowohl von links nach rechts als auch von oben nach unten lesen lassen. Wenn man weiß, dass es in Niedersachsen einen Fluss namens »Ise« gibt, kann man im Deutschen dazu noch die Wörter »See« und »Eis« packen und beispielsweise dieses Quadrat konstruieren.

Je länger die Wörter sein sollen, desto schwieriger ist es, ein magisches Buchstabenquadrat zu konstruieren. Schon seit der Römerzeit gilt deshalb folgendes Quadrat als besonders magisch-mächtig – es setzt sich aus fünf Wörtern mit fünf Buchstaben zusammen:

Die Worte dieses magischen Quadrats haben dabei eine besondere Eigenschaft: Wenn man sie hintereinan-

derschreibt, lassen sie sich von vorne wie hinten lesen. Das wird deutlicher, wenn man mit Groß- und Kleinschreibung arbeitet – was bei den Römern allerdings nicht üblich war:

Sator Arepo Tenet Opera Rotas

satoR arepO teneT operA rotaS

Die Worte des SATOR-AREPO-Quadrats bilden also ein Palindrom. So wie auch die deutschen Namen Otto oder Hannah Palindrome sind, ebenso wie die Wörter »Rentner« oder »neben« und der deutsche Satz »Ein Eis esse sie nie«. (Dieser Satz mag komisch klingen, aber vielleicht antwortet ja so jemand, der besonders gepflegt spricht, auf die Frage: »Hast du Anna gefragt, ob sie ein Eis will?« – »Ein Eis esse sie nie, sagt sie ...«)

Rätselhafte Worte

Wie das SATOR-AREPO-Quadrat zu übersetzen ist, darüber gibt es unterschiedliche Einschätzungen. Denn das Wort AREPO gibt es im Lateinischen eigentlich nicht. In einigen Deutungen heißt es daher, AREPO sei ein Name. Deswegen sollte man das magische Quadrat in etwa so übersetzen, lautet ein Vorschlag: »Der Bauer (SATOR) AREPO lenkt (TENET) mit seiner Arbeit (OPERA) die Räder (ROTAS).«

Weil SATOR aber auch für »Vater« oder »Schöpfer« stehen kann, gab es noch andere Übersetzungen, die etwas spiritueller oder auch magischer klingen. Voraussetzung dafür ist allerdings, dass man das Wort AREPO aus der keltischen Sprache herleitet. Dann wäre AREPO mit »Pflug« ins Deutsche zu übertragen. Damit könnte eine freie Übersetzung lauten: »Gott (SATOR) beherrscht (TENET) die Schöpfung (ROTAS), die Werke der Menschen (OPERA) und die Erzeugnisse der Erde (AREPO).« Weil im Lateinischen die Reihenfolge der Wörter freier ist als zum Beispiel im Deutschen, wäre eine solche Übersetzung denkbar.

Wortmacht bis heute?

Was die Wörter im SATOR-AREPO-Quadrat genau bedeuten, war den Menschen früher aber nicht so wichtig. Sie waren fasziniert davon, dass es sich überhaupt bilden lässt, und sprachen ihm daher Zauberkraft zu. Jahrhundertelang haben Menschen in ganz Europa das Quadrat zu vielerlei Zwecken benutzt. Sie haben es auf Zettel, Amulette oder auch an Wände geschrieben, um damit sich selbst oder Tiere vor Krankheiten zu schützen oder ihre Häuser vor Feuer und Blitzschlägen zu bewahren. Der Glaube an die magische Kraft dieses Quadrats ist keineswegs im Mittelalter versiegt. In einem 2017 erschienenen Buch schreibt die Autorin Monika Herz über ihren »spirituellen Lehrer« Georg Lory, dieser habe das SATOR-AREPO-Quadrat mit einem Stempel auf kleine Papierchen gedruckt, gefaltet und die Zettelchen dann als Medizin unter die Leute gebracht. Die gefalteten Zettel zu schlucken, helfe »bei akuten Problemen körperlicher oder seelischer Natur«, erklärt die Autorin.* Und die Frau aus dem bayerischen Peißenberg, die sich selbst als Heilerin bezeichnet, hat keinen Zweifel an der Kraft jener Wörter − und das im 21. Jahrhundert. Sie schreibt wörtlich: »Natürlich schützt das Sator-Arepo-Palindrom auch, wenn man es auf Papier oder Stein geschrieben als Amulett bei sich trägt, vor dem ›bösen Blick‹ und vor ›Verwünschungen‹ jeder Art.«

---

* Dieses und alle anderen Bücher und Quellen, die in diesem Werk zitiert werden oder als Arbeitsgrundlage dienten, sind hinten im Anhang verzeichnet.

Worte wirken

Die meisten Angehörigen von Heilberufen, die nicht die Berufsbezeichnung »Heiler« tragen, sondern Berufe wie Arzt, Physiotherapeut oder Apotheker ausüben, werden wahrscheinlich entsetzt den Kopf schütteln, wenn sie lesen, dass es heute noch Leute gibt, die dem SATOR-AREPO-Quadrat oder anderen Zauberformeln magische Heilkräfte zuschreiben.

Allerdings wird auch der nüchternste naturwissenschaftlich ausgebildete Mediziner oder Therapeut einräumen: Worte haben durchaus Wirkung auf das Wohlbefinden. Wenn eine 15-Jährige mit Akne zum Hautarzt geht und der als Erstes sagt: »Das schaut aber übel aus!« oder »Oje, da wärst du aber besser schon früher zu mir gekommen!«, wird sich die Patientin sofort schlechter fühlen als vorher. Was für die Heilung nicht eben gut ist, egal bei welcher Krankheit.

Aber auch andersherum können Worte wirken. Das erleben etwa Eltern kleiner Kinder immer wieder, wenn am Spielplatz oder sonst wo eine Schramme großes Geheul auslöst. Worte wie »Heile, heile Segen, drei Tage Regen, drei Tage Schnee, tut schon nicht mehr weh!« sind mehr als nur ein spielerischer Reim. Sie können helfen, Tränen zu trocknen und Schmerzen besser zu ertragen.

Worte können jedoch auch Schmerzen zufügen – psychische Schmerzen. Damit ist nicht nur der Ärger gemeint, den es in jedem Menschen auslöst, wenn er von einem anderen eine blöde Bemerkung oder eine Beschimpfung hört. Psychologen haben festgestellt, dass bei psychisch labilen Menschen sogar schon kurze Schilderungen oder einige

MIND TRIGGER

wenige Worte echte Krisen auslösen können. Von einem »Trigger« ist dann die Rede. Das englische Wort steht eigentlich für den Abzug, der bei einer Pistole einen Schuss löst, wenn er gezogen wird. Manche Autoren, die über schwierige Themen wie Missbrauch schreiben, setzen deshalb eine »Trigger-Warnung« an den Anfang ihrer Texte, weil sie wissen, dass in Worten große Kraft stecken kann. Und das hat nichts mit Hokuspokus zu tun. Man muss nicht an Übersinnliches oder Zauberei glauben, um zu erkennen: In der Fähigkeit der Menschen, zu sprechen und zu schreiben, steckt etwas Magisches. Eine Magie, die als einziges Lebewesen der Mensch beherrscht.

02 DER ALL-TÄGLICHE ZAUBERSTAB

Warum es gute Gründe gibt, Sprache wirklich als etwas Magisches zu sehen. Und als etwas, das den Menschen vom Tier unterscheidet.

→ Woran erkennt man einen Zauberer? Er kann etwas, das andere nicht können. Und vor allem können sich die anderen beim besten Willen nicht erklären, wie man es mit normalen menschlichen Fähigkeiten anstellen soll, das zu können, was der Zauberer kann. Das unterscheidet den Zauberer etwa vom Jongleur. Die meisten Leute können nicht jonglieren. Doch wenn die Nichtjongleure einen Jongleur sehen, wissen sie, dass der vielleicht eine besondere Begabung hat. Aber vor allem sehen sie: Dieser Mensch hat lange, lange, lange geübt. Zaubern kann er nicht.

Anders sieht die Sache etwa beim Gedankenlesen aus. Wenn es jemandem gelingt zu sagen, welche Karte eine Person aus einem Stapel gezogen hat, ohne dass er die Karte sehen konnte, dann denken sich die Zuschauer erst mal: Wie macht der das? Allein mit Übung kann das nicht gelingen, oder? Dahinter muss ein besonderes Talent stecken. Wenn der Zauberkünstler dann noch weitere Spezialitäten auf

Lager hat, mit denen Mentalisten im Publikum unterhalten, wird das Publikum von Minute zu Minute immer verblüffter sein. Doch es wird wissen: Gedankenlesen oder Telepathie gibt es nicht wirklich. Irgendein Trick muss dahinterstecken? Bloß welcher …?

Was aber, wenn kein Trick dahintersteckt? Was ist, wenn es jemand wirklich schafft, die Gedanken anderer Menschen in seinen Kopf zu bekommen, ohne dass die Zuschauer verstehen können, wie das gelingt? Dann haben die Zuschauer allen Grund zu sagen: Das ist ein Zauberer. Vielleicht sogar ein Dämon.

Klingt das jetzt nach Unsinn? Nach kindischem Hokuspokus-Geschwafel? Vielleicht liest es sich erst mal so. Aber vielleicht gelingt es ja dem Autor dieses Buches – auf geradezu magische Weise –, in den Kopf des Lesers eine neue Erkenntnis über den wirklich wahren Zauber der Sprache einzupflanzen. Dazu muss der Leser erst mal weiterlesen …

Die einzige Erklärung: Magie

Sprache ist Magie, wenn man richtig hinschaut. Und wer spricht, ist ein Magier. Um diese – auf den ersten Blick vielleicht abstrus wirkende – Behauptung zu belegen, eignet sich eine Szene, die sich der Schriftsteller Brian Moore ausgedacht hat. In dem Roman *Black Robe*, der auch verfilmt wurde, erzählt Moore, wie französische Priester vor rund 400 Jahren im heutigen Kanada die damaligen Ureinwohner zum Christentum bekehren wollten. Diese Algonkin-Indianer kannten noch keine Schrift. Alles, was sie miteinander austauschen wollten, sagten sie sich mündlich. Sie sprachen. Sie kamen wunderbar zurecht, ohne zu schreiben und zu lesen.

Im Buch und Film *Black Robe* gibt es nun eine Szene, in der der französische Priester Paul LaForgue etwas in sein Tagebuch schreibt. Einige Indianer beobachten ihn und fragen sich, was er da tut. Weil sie keine

Schrift kennen, ist es für die Algonkin völlig rätselhaft, warum jemand mit einem kleinen Stecken über ein Blatt kratzt und dabei dunkle Spuren hinterlässt. Denn das ist es, was Pater LaForgue in ihren Augen tut. Wer nicht weiß, was Schreiben ist, für den sieht es völlig skurril aus, jemanden schreiben zu sehen.

Im Film *Black Robe* halten amerikanische Ureinwohner einen Europäer für einen Zauberer, weil er schreiben kann.

Um den Algonkin zu erklären, was er macht, fordert der französische Priester einen Indianer namens Chomina auf, ihm etwas zu sagen, was er, LaForgue, nicht wissen kann. Und was ein anderer Franzose, der ein Stück entfernt steht, auch nicht weiß. Der Indianer erzählt, dass die Mutter seiner Frau im vorangegangenen Winter gestorben sei. Der Priester lässt – so sieht es für die Indianer aus – den kleinen Stecken in seinen Fingern über das Blatt auf seinen Knien kratzen. Dann geht er zu dem anderen Franzosen und zeigt ihm die Spuren, die der Stecken auf dem Blatt hinterlassen hat. Darauf sagt der andere Franzose für alle hörbar: »Letzten Winter im Schnee starb die Mutter von Chominas Frau.« Ab diesem Moment ist für die Indianer klar: Der Fremde ist nicht nur eigenartig und verwunderlich. Pater LaForgue ist ein Magier, wenn nicht ein Dämon. Denn er hat einen Gedanken aus seinem Kopf in den Kopf eines anderen übertragen, ohne zu sprechen. Heute würde man Telepathie dazu sagen. Oder Zauberei.

Die Magie der Gedankenübertragung

Nun kann man als Mensch des 21. Jahrhunderts, der vom Aufstehen (Blick aufs Smartphone – und was da so geschrieben steht) bis zum Einschlafen (Blick aufs Smartphone – und was da so geschrieben steht) mit Schrift zu tun hat, leicht einen Fehler machen: die Indianer in diesem Film als Dummköpfe abtun, die die Kommunikationsform der Schrift nicht verstehen.

Doch wenn man die Welt mit den Augen der Indianer betrachtet, erkennt man, dass Sprache auf gewisse Weise wirklich magisch ist: Der Priester hat eine Information, einen Gedanken von seinem eigenen Kopf in den Kopf eines anderen Menschen transportiert. Weil der Priester LaForgue in *Black Robe* dazu eine Technik verwendet, die die Algonkin nicht kennen, nämlich Schrift, halten sie ihn für einen Magier. Man könnte auch sagen: Die Indianer erkennen, dass es grundsätzlich etwas Magisches ist, die Gedanken, Ideen, Vorstellungen, die man im eigenen Kopf hat, in den Kopf von jemand anderem zu bekommen. So wie Telepathie magisch wäre, wenn es sie denn gäbe, ist auch Sprache magisch.

Tote sprechen mit uns

Wer es immer noch nicht glaubt, dass Sprache magisch ist, der sollte mal über Folgendes nachdenken: Sprache überwindet die Grenze des Todes. Was ja nun wirklich etwas von Zauberei hat. »Ich kann mit Toten kommunizieren« – wer so etwas sagt, wird wohl schnell mal für wunderlich gehalten. Mit Toten zu reden, das ist etwas, was üblicherweise nur Leute für sich in Anspruch nehmen, die den Titel »Medium« tragen. Aber zumindest in eine Richtung klappt die Kommunikation auch bei Leuten, die nicht als Medium begabt sind. Jeder kann die Gedanken von Leuten aufnehmen, die seit Jahren, Jahrhunderten, Jahrtausenden tot sind. Ein Teenager, der Wolfgang Herrndorfs *Tschick* als Klassenlektüre hat, holt sich ebenso die Gedanken eines Toten in seinen Kopf wie derjenige, der etwas von Goethe oder von Seneca liest. Der eine ist 2013 gestorben, der andere 1832, der dritte im Jahr 65 nach Christus. Tot sind sie alle.

Und wenn ein schwerreicher Firmengründer in sein Testament schreibt, dass er sein Unternehmensimperium in den Händen seiner jüngeren Tochter und nicht unter der Führung seines ältesten Sohnes sehen möchte, dann verändert er aus dem Grab heraus das Leben einiger Leute – und zwar mit Worten, mit Sprache.

Sprache hat also tatsächlich etwas Magisches. Nur vergessen wir das nahezu immer. Weil wir den ganzen Tag reden, lesen, schreiben. Und weil jeder weiß, wie es geht. Wir sind wie die Zauberer in der Welt um Harry Potter oder Newt Scamander, die sich die Autorin Joanne K. Rowling ausgedacht hat. Für die ist es auch nichts Besonderes, dass sie etwas können, was die Nichtzauberer, also die »Muggels«, nicht können. So denken Menschen meist auch nicht darüber nach, dass sie etwas können, wozu andere Lebewesen nicht fähig sind: sich mit Sprache austauschen.

Wobei ... stimmt das denn? Es gibt Dutzende Bücher, die im Titel oder Untertitel die Worte »Sprache der Tiere« tragen. Und es finden sich im Tierreich tatsächlich erstaunlich viele Formen, wie Kommunikation gelingen kann. Es gibt sogar Berichte darüber, dass Pflanzen bestimmte Signale untereinander hin- und hersenden, sie also kommunizieren. Stimmt denn dann die Behauptung: »Nur der Mensch kann sprechen – nur der Mensch beherrscht die Magie der Sprache«?

Sprachzauber in der Tierwelt?

Es ist wirklich bemerkenswert, welche Vielfalt von Kommunikationssystemen Tiere entwickelt haben, um sich auszutauschen. Von Ameisen ist bekannt, dass sie über bestimmte Duftstoffe kommunizieren. Durch sogenannte Pheromone übermitteln sie etwa, wo Futter zu finden ist. Glühwürmchen und andere Insekten mit Leuchtorganen versenden über Lichtsignale eine Botschaft, die in Richtung Dating-App geht: »Ich würde gerne mit dir – du weißt schon, was.« Darmgeräusche sind eine Kommunikationsform, auf die pazifische Heringe setzen. Mit einer Untersuchung dazu hat eine Forschergruppe aus Kanada und Schottland

SCHNUPPER MAL!

DU RIECHST GUT!

vor einigen Jahren eine gewisse Aufmerksamkeit auf sich gezogen. »Furzen zum Informationsaustausch«, das brachte einige Schlagzeilen ein.

Etwas ernsthafter und in der Wissenschaftswelt gut etabliert sind die Erkenntnisse über das Zwitschern der verschiedenen Vogelarten. Auch die Gesänge und Klicklaute von Walen und Delfinen werden intensiv erforscht. Und es gibt immer wieder echte Promi-Tiere, die zu Berühmtheiten werden, weil sie so außergewöhnlich kommunikationsbegabt sind.

Kommunikations-Celebrities im Tierreich

Als der Graupapagei Alex im Jahr 2007 im Alter von 31 Jahren starb, bezeichnete ihn seine Betreuerin Irene Pepperberg als »weltbekannt«. Die amerikanische Wissenschaftlerin war fest überzeugt, dass es gute Gründe gebe, den Vogel als Celebrity zu betrachten. Schließlich habe er 50 verschiedene Gegenstände, sieben Farben und fünf Formen selbstständig benennen können. Alex habe von null bis sechs zählen können und sei insgesamt auf dem geistigen Level eines fünfjährigen Menschenkindes gewesen.

Der Border Collie Chaser wurde als »klügster Hund der Welt« bekannt. Er konnte über tausend Spielzeugen ihren jeweiligen Namen zuordnen. Auch an anderen Border Collies beobachteten Wissenschaftler eine Lerntechnik, die man lange Zeit für typisch menschlich hielt: das Ausschlussprinzip. Wenn man einem Kleinkind sagt, »Da drüben liegen zwei Tabletts – bring mir das chromfarbene und nicht das rote«, dann sind Menschenkinder in der Lage, das richtige Tablett zu bringen, auch wenn sie das Wort »chromfarben« noch nie gehört haben. Sie wissen: »Das muss das Teil sein, das nicht rot ist.« Die gleiche Fähigkeit haben Border Collies, wenn es darum geht, verschiedene Wörter verschiedenen Gegenständen zuzuordnen.

Noch einmal in einer ganz anderen Liga spielte die Gorilladame Koko. Sie beeindruckte nach Ansicht ihrer Betreuer Millionen Menschen durch ihre »außerordentliche Beherrschung der Zeichensprache«. Sie habe rund 2000 englische Wörter verstanden und etwa 1000 Wörter als Gebärden der Gehörlosensprache äußern können, so erklärte es ihre Trainerin Francine Patterson immer wieder. Mit der eigenen Stimme Wörter zu formen – so wie es der Papagei Alex konnte –, ist Affen nicht möglich. Dazu fehlt ihnen der notwendige Stimmapparat. Aber Koko war, wenn es stimmt, was ihre Betreuer veröffentlicht haben, ein echtes Sprachgenie. Denn sie hätte das beherrscht, was man den Grundwortschatz nennt. Damit lassen sich etwa

80 bis 90 Prozent eines Textes verstehen. Koko starb im Sommer 2018.

Der Bonobo-Affe Kanzi galt schon bald nach seiner Geburt im Jahr 1980 ebenfalls als ausgesprochen sprachbegabt. Er zeigte aber weniger mit den Gesten der Gehörlosensprache, was er sagen wollte. Kanzi hat vielmehr rund 300 sogenannte Lexigramme erlernt. So nennen die Forscher, die mit ihm arbeiten, Symbole, die sie sich ausgedacht haben. Symbole, die nichts mit dem zu tun haben, wofür sie stehen. Denn dasselbe gilt für Menschen-Wörter: Sie haben fast nie einen Zusammenhang mit dem, was sie bezeichnen. Manchmal malen Menschen zwar mit Lauten Bilder von dem, worüber sie sprechen. Etwa, wenn im Italienischen mit dem Wort »zanzara« das

Diese und noch mehr Wörter beherrschte Koko in Zeichensprache:

Gorilla Entschuldigung Koko Liebe Bitten Hungrig

Essen Besuchen Trinken Blume Kitzeln Gut

Der Affe Kanzi – hier mit seiner Schwester Panbanisha und der Trainerin Sue Savage Rumbaugh

Summen der Mücke nachgezeichnet wird, für die dieses Wort steht. Aber das ist die Ausnahme. Der Apfel heißt nicht so, weil man beim Hineinbeißen ein Geräusch macht, das nach »apfl« klingt. Sonst müsste das Geräusch beim Apfel-Beißen in England ja auch nach »äppl« klingen, in Frankreich nach »pomm« und in Spanien nach »mansana«. Der Affe Kanzi lernte also, mit Hunderten sprachlichen Zeichen so umzugehen, wie es Menschen tun, berichteten seine Trainer. Folgerichtig bescheinigten sie ihm, er sei »der Affe an der Schwelle zum menschlichen Bewusstsein«.

Sprachzauber: wohl doch nur unter Menschen

Die Forschungsrichtung »Tiere verstehen – vor allem Affen verstehen« hatte in der Zeit zwischen etwa 1965 und 1985 ihren Höhepunkt. Dann kam allerdings bei einigen Wissenschaftlern immer größere Ernüchterung auf. Der amerikanische Tier-Sprachwissenschaftler Herbert Terrace etwa arbeitete viele Jahre intensiv mit einem Affen namens Nim. Irgendwann jedoch stellte er fest: Selbst wenn ein Affe 16 Wörter aneinanderhängt, kommen dabei höchstens Ergebnisse heraus wie dieses: »Geben Orange mir geben essen Orange mir essen Orange geben mir essen Orange geben mir du.«

Ein Affe wie Nim wäre sicherlich nicht in der Lage zu verstehen, was sein Trainer ihm mit den Worten sagt: »Wenn du eine Orange essen willst, müssen wir eine kaufen. Ich habe aber gerade kein Geld. Du kannst jedoch zum Geldautomaten gehen und welches holen. Oder du kannst direkt im Laden mit meiner Karte zahlen. Meine Geheimzahl ist die 5 – 9 – 7 – 2. Ach, und bring noch ein bisschen Eis mit.« Was Eis ist, wüsste der Affe vielleicht. Doch er könnte nicht verstehen, was Geld ist. Erst recht nicht, was ein Geldautomat oder eine Geheimzahl ist. Und der Affe würde an jeder Wenn-dann-Konstruktion scheitern, sobald sie ein bisschen anspruchsvoller ist.

Denn solche Sätze, die für Menschen ziemlich leicht zu verstehen sind, wären selbst für die begabtesten Affen, die über Jahre hinweg einige Menschen-Begriffe gelernt haben, nicht nachvollziehbar. Weil eines ihnen unzugänglich bleibt, was schon Kleinkinder beherrschen: Grammatik, Syntax. Sie ist sozusagen der Zauberstab, der den Worten die Magie verleiht, die sie zu Sprache macht, nicht nur zur Übertragung von ein paar simplen Botschaften.

Und Grammatik macht die menschliche Sprache unendlich vielfältig. Wenn man im Deutschen etwa nur vier einfache Wörter nimmt, lassen sich daraus schon eine ganze Menge verschiedene Aussagen bauen, die sich zum Teil deutlich voneinander unterscheiden.

DAS KANN ICH AUCH
DAS KANN AUCH ICH
AUCH ICH KANN DAS
AUCH DAS KANN ICH
ICH KANN DAS AUCH
ICH KANN AUCH DAS
KANN ICH AUCH DAS
KANN ICH DAS AUCH
KANN AUCH ICH DAS
KANN DAS AUCH ICH

Die deutsche Sprache reagiert beim Thema »Wortstellung« zwar besonders intensiv auf den Zauberstab der Grammatik, andere Sprachen sind da längst nicht so geschmeidig. Aber dieses Beispiel aus dem Deutschen zeigt etwas, das für alle Sprachen gilt: Mit den 2000 Wörtern, die den Großteil der Alltagssprache ausmachen, und erst recht mit den 100 000 bis 200 000 Wörtern, mit denen in der Regel der äußere Rand des Wortschatzes einer Sprache erreicht ist, lassen sich nicht nur zehn Gedanken, Gefühle, Ideen, Erinnerungen, Zukunftspläne ausdrücken, sondern unendlich viele. Wenn das nicht magisch ist!

UND MENSCHLICHE SPRACHE KANN NICHT NUR GEDANKEN ÜBER DAS AUSDRÜCKEN, WAS ES GIBT, SONDERN AUCH ÜBER ALLES, WAS ES NICHT GIBT. ODER NOCH NICHT GIBT.

Menschen, die wissen, was mit Hobbits gemeint ist, und sich selbst für vernünftig halten, antworten auf die Frage wahrscheinlich: »Natürlich nicht! Die hat sich der Schriftsteller J. R. R. Tolkien doch nur ausgedacht!« Aber immerhin: In Wikipedia hat nicht nur Tolkien einen Eintrag, sondern ebenso die Hobbits. Auch wenn es dort heißt, sie seien fiktive Wesen, also erfunden.

Eines aber ist sicher: Wir können über Hobbits reden. Darüber, wie sie aussehen. Wo sie leben. Was sie tun. Gegen wen sie kämpfen, gegen Drachen zum Beispiel. Wobei sich die Frage stellt: Gibt es Drachen?

Auf diese Frage wird kaum jemand antworten: »Was für Dinger?« Denn Drachen sind überall auf der Welt bekannt. Verschiedene Sprachen haben ihr jeweils eigenes Wort für die Wesen: Englisch – dragon. Chinesisch – lóng. Italienisch – drago. Portugiesisch – dragão. In früheren Jahrhunderten waren auch in hochseriösen wissenschaftlichen Werken ausführliche Beschreibungen über Drachen zu finden. Der Forscher und Gelehrte Athanasius Kircher listet 1664 in seinem Buch *Mundus Subterraneus*, in dem er über die unterirdische Welt schreibt, verschiedenste Erkenntnisse über Drachen auf.

Der Wirklichkeits-Generator

Gibt es Hobbits? Manche Leute, die von diesen Wesen noch nie etwas gehört haben, antworten auf die Frage vielleicht: »Was für Dinger?« Andere

Es gebe sie mit vier Beinen und mit zwei Beinen. Mit Flügeln und ohne.

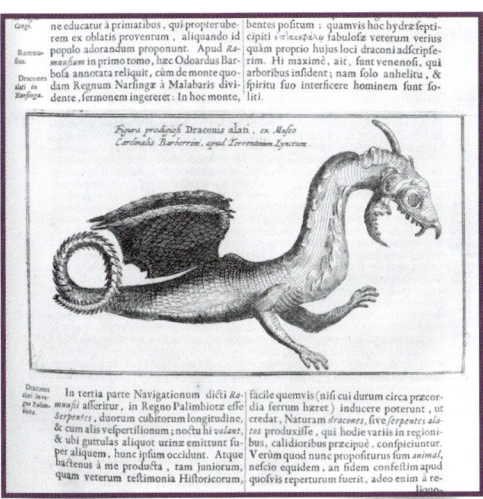

Der Gelehrte Athanasius Kircher war vor rund 350 Jahren fest überzeugt, dass es Drachen gibt, und hat sie in wissenschaftlichen Büchern beschrieben.

Menschen können sich also Tiere vorstellen – wie etwa Drachen –, die sie noch nie gesehen haben. Es ist ziemlich sicher, dass das einem Tier nicht gelingt, selbst wenn es einige Hundert Wörter beherrscht, so wie die Affen-Sprachexperten Kanzi oder Koko. Menschen können sich eine blaue Banane vorstellen. Sie können sich eine Banane mit Flügeln vorstellen. Sie können miteinander darüber reden, wie genau eine solche Banane aussehen würde. Alles das können Tiere nicht.

Menschen können aber auch darüber sprechen und schreiben, ob es nicht eine tolle Idee wäre, eine Maschine mit Flügeln zu bauen. Diesen Gedanken haben Menschen schon vor Jahrhunderten erstmals in Worte gefasst. Es hat einige Zeit gedauert, bis sie mit diesem in Sprache gefassten Gedanken echte Flugobjekte bauen konnten, von Langstrecken-Jets bis zum »Flyboard«, mit dem der Franzose Franky Zapata 2019 den Ärmelkanal überquerte. Auch Fliegen galt übrigens früher als etwas, was nur Zauberer können. Inzwischen können es ganz normale Menschen. Dank der Sprache.

Nur dank der Sprache möglich: auf einem »Flyboard« zu fliegen.

Wobei man sich die Frage stellen könnte: Wenn der Mensch durch seine besondere Fähigkeit zu kommunizieren in einer ganz anderen Welt lebt als Tiere – in welcher Welt würden dann Wesen leben, die wahrscheinlich noch einmal ganz anders kommunizieren: Außerirdische?

03 MIT ALIENS REDEN

Warum Reisen in andere Sprachgalaxien unser Denken verändern könnten.

"

→ Wie sprechen Außerirdische? Die Autoren vieler Science-Fiction- oder Fantasy-Filme und -Bücher machen sich darüber keine großen Gedanken. Sie konzentrieren sich lieber auf eine gute Story und Effekte, die einem möglichst die Sprache verschlagen. Die *Guardians of the Galaxy* etwa reden in der ganzen Galaxis so wie ihre Zuschauer in Deutschland, Amerika oder Japan: Deutsch, Englisch oder Japanisch – je nachdem, für welche Sprachversion sich der Zuschauer entscheidet. Das Gleiche gilt für die Wesen, die in *Men in Black* aus dem All auf die Erde kommen: Sie sprechen Deutsch, Englisch, Japanisch – je nachdem.

Dabei könnte die Frage »Wie sprechen Aliens?« den Blick in schier unendliche Weiten öffnen. Wer weiß, wie Außerirdische reden, könnte möglicherweise verstehen, wie sie Raum und Zeit überwinden.

"

Doch Science-Fiction-Autoren beschäftigen sich eher selten mit der Frage »Wie reden Aliens?«. Schon als vor mehr als fünf Jahrzehnten das *Raumschiff Enterprise* anfing, den Weltraum zu erkunden, traf die Besatzung überall im All auf Wesen, die sich mit Captain Kirk und seinen Begleitern auf Englisch unterhielten. Selbst die Alien-Spezies der Klingonen sprach in der *Star Trek*-Fernsehserie zunächst Englisch (bzw. Deutsch, Französisch, Spanisch etc.). Erst ab 1979 dachten sich die Drehbuchautoren von *Star Trek* unter der Federführung des amerikanischen Sprachwissenschaftlers Marc Okrand eine eigene Sprache aus, die über die Jahrzehnte hinweg gemeinsam mit Fans ausgebaut und perfektioniert wurde.

Klingonisch war die erste voll funktionsfähige Alien-Sprache. Doch bei etwas näherer Betrachtung wird schnell klar: Klingonisch ist eine konstruierte Sprache, die den Spielregeln der Menschen-Sprachen folgt – also eine typische Conlang, wie es im Englischen heißt: eine »constructed language«, so wie die Elben-Sprachen Quenya und Sindarin aus *Herr der Ringe* oder Dothraki und Hochvalyrisch aus *Game of Thrones*. Wenn ein Klingone an gefrorenes Wasser denkt, formt er im Kopf das Wort »chuch« – was ausgesprochen etwa wie »tschutsch« klingt. So wie der Enterprise-Captain James T. Kirk an »ice« denkt – ausgesprochen »ais«. Die Denkweise des Menschen und des Klingonen und ihre Strategie, Gedanken und Vorstellungen mit Wörtern wiederzugeben, bleibt im gleichen Universum.

Wenn es Klingonen gäbe, würden sie möglicherweise so schreiben.

Aliens mit Akzent

In einem besonders umfangreichen Entwurf eines Alien-Universums, in der *Star Wars*-Welt, gibt es auf die Frage »Wie sprechen Aliens?« etwas vielfältigere Antworten. Mal reden die Nichtmenschen in der Welt, die die *Star Wars*-Erfinder sich ausgedacht haben, eine eigene Sprache, zum Beispiel Jabba the Hutt. Dessen Sprache (Huttisch) klingt ziemlich extraterrestrisch, so wie er ja auch ziemlich außerirdisch aussieht. Bei näherer Betrachtung ist aber auch Huttisch etwas, das viel von mensch-

lichen Sprachen hat: Auch Jabba und seine Leute reden in einer Conlang. Man kann in Huttisch-Wörterbüchern nachlesen, dass in jener Sprache beispielsweise »Reesnee« das Wort für »Schnee« ist.

Eine besonders eigenartige Idee hatten die *Star Wars*-Erfinder, um der Spezies der Neimoidianer beim Reden einen außerirdischen Touch zu geben. Diese vor allem in Handelssachen begabten Aliens reden grundsätzlich wie Menschen – aber mit Akzent. In der deutschen Version haben sie eine französische Sprachfärbung. In der amerikanischen Originalversion ist es ein asiatischer Klang, der sie fremd wirken lassen soll. Amerikaner finden, dass Neimoidianer wie

Wer so außerirdisch aussieht, spricht vermutlich auch außerirdisch.

Thailänder oder Japaner klingen. In der französischen, spanischen oder italienischen Version von *Star Wars* sprechen sie mit einem russischen oder auch deutschen Einschlag.

Dass die Aliens in den meisten Sci-Fi- und Fantasy-Werken im Grunde reden wie Menschen, nur eben mit ihren eigenen Wörtern und ihrer eigenen Grammatik, hat eine gewisse Logik. Denn meist sehen sie ja ähnlich aus wie Menschen. In der Regel haben sie einen Kopf mit meistens zwei Augen (auch wenn es da immer wieder Ausnahmen gibt). Üblicherweise haben Aliens in Sci-Fi- oder Fantasy-Welten auch zwei Arme und zwei Beine. Wie Menschen eben. Und sie tun das, was Menschen tun: Sie kämpfen gegen andere Wesen, die sie als ihre Feinde betrachten. Sie können Angst haben oder sich freuen. Sie verlieben sich. Über all das reden sie.

Tentakelsprache

Man kann sich Außerirdische aber auch ganz anders vorstellen. So hat die Spezies der Rikchiks, die sich der Amerikaner Denis Moskowitz ausgedacht hat, 49 Tentakel. Sieben dieser Extremitäten sind kürzer als die anderen. Die Rikchiks benutzen diese Spezial-Tentakel, um zu kommunizieren. Weil sie die Kommunikations-Ärmchen in ganz unterschiedlichen Kombinationen bewegen können, sind die Rikchiks in der Lage, wesentlich mehr Information auf einmal zu übermitteln, als es etwa in der menschlichen Gebärdensprache möglich ist, mit der sich Gehörlose verständigen. Oder besser gesagt: Es wäre den Rikchiks möglich, wenn es sie denn gäbe.

So sieht die Alien-Spezies der Rikchiks in der Fantasie ihres Erfinders Denis Moskowitz aus.

Die Rikchik-Sprache ist zwar eine besonders exotische Alien-Sprache, doch sie bleibt eine von Menschen nach menschlichen Regeln gebaute Conlang. Das heißt, sie bleibt innerhalb der Vorstellungswelt, in der Menschen leben und die sie mit ihren

Menschen-Sprachen beschreiben. Besonders interessant wird die Frage »Wie sprechen Aliens?« aber, wenn man versucht, die Grenzen dieser Vorstellungswelt zu überschreiten. Wirklich gelingen kann das leider nicht. Denn sonst wären die Grenzen der menschlichen Vorstellungswelt – und damit auch der menschlichen Sprache – ja keine Grenzen, sondern nur mehr oder weniger unbedeutende Markierungen in einer Vorstellungslandschaft. Nicht umsonst schrieb der Philosoph Ludwig Wittgenstein vor rund hundert Jahren: »Die Grenzen meiner Sprache bedeuten die Grenzen meiner Welt.« Aber Menschen haben ja Fantasie. Und mit der können sie versuchen, die Grenzen ihrer Sprache etwas genauer zu erforschen. Und sie können versuchen, diese Grenzen auch immer mal wieder zu verschieben.

Jenseits unseres Denkens – jenseits unseres Sprechens

Die Reise an die äußersten Grenzen unserer Vorstellungswelt und unserer Sprache beginnt damit, dass man zum Beispiel von Folgendem ausgehen könnte: Aliens nehmen die Wirklichkeit ganz anders wahr als Menschen. Diese ganz andere Wahrnehmung könnte – und müsste eigentlich sogar – mit einer ganz anderen Art zu kommunizieren einhergehen. Denn die menschliche Sprache ist dazu da, die Welt so zu beschreiben, wie wir sie wahrnehmen. In dieser Welt strahlt ein Stern – die Sonne – Licht mit einem bestimmten Spektrum auf den Planeten, auf dem wir leben. Wir sehen deshalb etwa eine Rose oder den Himmel mit unseren Menschenaugen auf eine bestimmte Weise und wir geben diesen Farbeindrücken bestimmte Namen: rot oder blau.

Wenn wir aber auf einem Planeten leben würden, welcher um eine andere Sorte Stern kreist, die ein anderes Licht ausstrahlt, hätten wir andere Sinneseindrücke. Doch auch auf unserem Planeten nehmen andere Lebewesen die Wirklichkeit anders wahr als wir Menschen. Viele Tiere können UV-Licht sehen, das mensch-

lichen Augen verborgen bleibt. Fledermäuse nehmen Geräusche wahr, die Menschen nicht hören. Man kann also sicher sein: Eine Alien-Spezies, wenn es sie denn gäbe, würde wohl die Wirklichkeit anders wahrnehmen als wir Menschen. Schon allein deshalb würden Aliens mit sehr, sehr großer Wahrscheinlichkeit auch anders kommunizieren als wir.

Der amerikanische Science-Fiction-Autor Ted Chiang hat diese Idee in der Erzählung *Story of Your Life* (deutsch: *Geschichte deines Lebens*) aufgegriffen. Die Erzählung wurde 2016 auch unter dem Titel *Arrival* verfilmt. In dieser Geschichte besucht eine außerirdische Lebensform die Erde. Sie wird von den Menschen »Heptapoden« genannt, weil diese Wesen sieben Beine oder auch Arme haben. Auf Griechisch heißt »hepta« sieben, und die Silbe »pod« zeigt an, dass es um etwas geht, das mit Füßen zu tun hat.

Die Heptapoden oder Siebenfüßler haben eine hörbare Kommunikationsform, also eine Sprache. Sie haben aber auch eine sichtbare Kommunikationsform. Das Menschen-Wort »Schrift« wäre irreführend, denn alle menschlichen Schriften geben nichts anderes als gesprochene Sprache wieder. Und zur gesprochenen Sprache gehört es, dass ein Wort nach dem anderen kommt. Entsprechend folgt auch in geschriebe-

ner Menschen-Sprache ein Zeichen oder Wort dem anderen, egal ob von links nach rechts geschrieben wird (wie in europäischen Sprachen), von rechts nach links (wie im Arabischen oder Hebräischen) oder von oben nach unten (wie in manchen Formen des Chinesischen oder Japanischen). Das Grundprinzip lautet immer: eins nach dem anderen.

Damit entspricht menschliche Sprache der menschlichen Wahrnehmung von Zeit. Das Wort, das ich jetzt, in diesem Moment in einem Satz höre, ist die Gegenwart. Die Worte, die ich vorher gehört habe, sind die Vergangenheit. Die Worte, die ich noch nicht gehört habe, sind die Zukunft. Oft eine ungewisse Zukunft. Wenn Tobias zu Lena sagt, »Ich liebe dich«, und

sie antwortet erst mal nicht, weiß Tobias zunächst auch nicht, wie die Sache weitergeht. Wenn Lena antwortet: »Ich liebe dich ...«, und eine Pause macht, um dann zu sagen: »auch«, dann geht die Sache anders weiter, als wenn sie anhängt: »nicht«.

In Ted Chiangs Erzählung *Story of Your Life* hat die Lebensform der Heptapoden eine andere Wahrnehmung von Zeit als wir Menschen. Für die Siebenfüßler ist Zeit nicht wie ein Fluss, der von links nach rechts fließt, sondern eher wie eine ganze Landschaft, in der man seinen Blick schweifen lassen kann. Eine ähnliche Fähigkeit hat sich 1959 der amerikanische Autor Kurt Vonnegut für die Alien-Spezies der Tralfamadorianer ausgedacht. Sie können nicht in drei Dimensionen sehen wie die Menschen, schreibt Vonnegut, sondern in vier Dimensionen. Als vierte Dimension gilt üblicherweise die Zeit. Die Tralfamadorianer können sich also die Zeit so ansehen, wie Menschen ein Panorama betrachten.

Die Heptapoden in Ted Chiangs Erzählung oder Kurt Vonneguts Tralfamadorianer wissen, was in der Zukunft geschieht. Das schlägt sich vor allem bei den Heptapoden auch in ihrer Art zu kommunizieren nieder. Allerdings hat das Wort »Zukunft« für sie nicht die gleiche Bedeutung wie für Menschen. Denn dieses Wort ergibt ja nur dann einen Sinn, wenn auch das Wort »Vergangenheit« einen Sinn hat.

Wenn man dieses Verständnisproblem in die Menschenwelt übersetzen wollte, könnte man sich ein Fahrrad vorstellen, in dessen − sich drehendem − Vorderreifen ein Nagel steckt. Es hätte keinen Sinn, dem Radfahrer im Vorbeifahren zuzurufen: »In deinem Reifen steckt oben ein Nagel drin!« Denn in dem Moment, in dem der Radfahrer den Satz hört und versteht, ist der Nagel ja vielleicht schon ganz unten, jedenfalls ist er nicht mehr oben. In der Menschenwelt hat es bei einem Rad, das sich gerade dreht, wenig Sinn, die Position eines Nagels mit den Worten »oben« oder »unten« zu beschreiben. Genauso hat es in der Heptapoden-Welt wenig Sinn, etwas mit »gestern« oder »morgen« zu beschreiben.

Die Heptapoden-Aliens in Ted Chiangs Geschichte drücken ihre Wahrnehmung von Zeit, die völlig anders ist als die der Menschen, mit ihrer optischen Kommunikationsform aus. Denn sie transportieren damit nicht das Konzept »vorher-jetzt-nachher«, sondern das Konzept »zeitlos« oder »außerhalb der Zeit«. In *Story of Your Life* lernt die Sprachwissenschaftlerin Louise Banks die Kommunikationsform der Heptapoden. Die Wissenschaftlerin, die in der Verfilmung von Amy Adams gespielt wird, erhält damit einen Blick auf die Zeit, wie ihn Menschen bis dahin nicht hatten. Sie kann in die Zukunft sehen. Aber das Wort »Zukunft« hat für sie nicht mehr die Bedeutung wie vorher. So wie auch das Wort »Vergangenheit« nicht mehr die gleiche Bedeutung hat. Sie kann das Leben ihrer Tochter – das in *Story of Your Life* einen der beiden Erzählstränge bildet – zu jedem Zeitpunkt betrachten. Von der Geburt des Mädchens bis zu ihrem frühen Tod als junge Frau. So wie Louise, wenn sie auf einem Berg stünde, den ganzen Horizont betrachten könnte, kann sie auch das ganze Leben ihrer Tochter sehen.

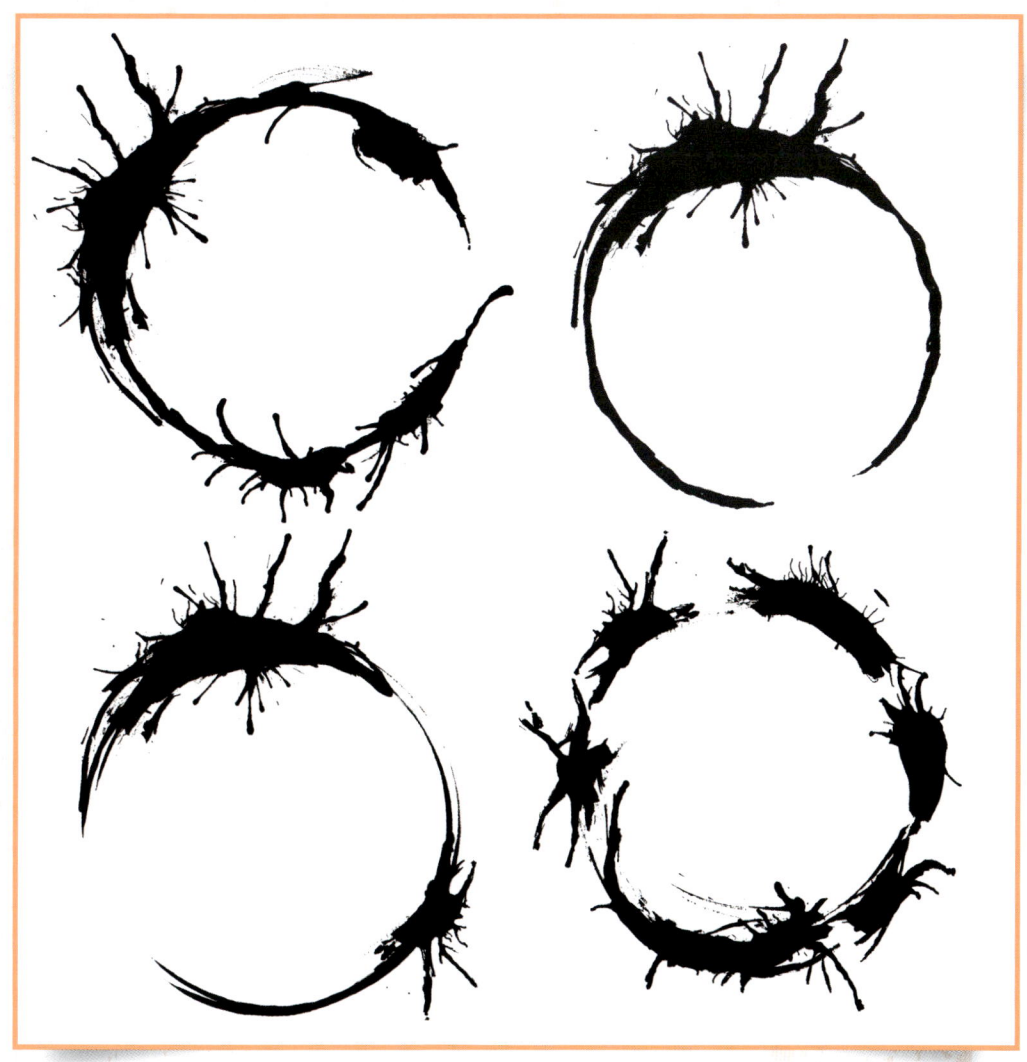

So stellen sich die Macher des Sci-Fi-Films *Arrival* die Alien-Kommunikationsform »Heptapod B« vor.

Andere Sprache – anderes Bewusstsein

Kurt Vonnegut oder auch Ted Chiang gehen also davon aus, dass Außerirdische eine ganz andere Wahrnehmung der Wirklichkeit haben könnten als Menschen. Ein ganz anderes Bewusstsein. Chiang folgert daraus, dass auch ihre Kommunikation völlig anders sein müsste. Und er entwickelt den Gedanken, dass Menschen, wenn sie diese Alien-Kommunikationsform erlernen, ebenfalls ein ganz anderes Bewusstsein erlangen. In Ted Chiangs Geschichte eignet sich die Sprachwissenschaftlerin Louise Banks im Kontakt mit den Heptapoden eine Fähigkeit an, die man unter Menschen üblicherweise mit Magiern verbindet: Sie wird eine Art Hellseherin.

Möglicherweise hat Ted Chiang aber eine recht optimistische Antwort gegeben auf die Frage: »Wie könnten wir mit Aliens reden?« Denn er geht nicht nur davon aus, dass Aliens ein ganz anderes Bewusstsein der Welt haben, sondern gleichzeitig auch davon, dass Menschen ihr Bewusstsein um die Alien-Sicht der Dinge erweitern könnten, wenn sie eine Alien-Sprache lernen würden. Louise Banks versteht durch das Erlernen der Heptapoden-Sprache etwas, was Menschen vorher nicht verstanden: wie man Zeit anders betrachtet als einen linearen Fluss, der von der Vergangenheit über die Gegenwart in die Zukunft strömt.

Ob es durch den Erwerb einer Alien-Sprache wirklich möglich wäre, die Zeit anders zu begreifen, kann man jedoch bezweifeln. Denn wenn es Aliens gelingt, die Erde zu besuchen, dürften sie den Menschen in einem so gewaltigen Ausmaß überlegen sein, dass es schon schwer ist, sich dieses Ausmaß an Überlegenheit überhaupt vorzustellen.

Grenzen der Verständigung

Nach dem heutigen Stand der menschlichen Technik ist es für unsere Spezies schlicht unmöglich, die Entfernung zu überwinden, die zwischen der Erde und dem nächsten möglicherweise von intelligenten Wesen bewohnten Planeten im All liegt.

Wenn es einen solchen Planeten geben sollte, wäre er so weit entfernt, dass eine Reise dorthin mit der heutigen menschlichen Raumfahrttechnik Hunderte oder gar Tausende Jahre dauern würde. Für Menschen ist es heute also völlig ausgeschlossen, mit dem Raumschiff loszufliegen, um Aliens auf anderen Planeten zu besuchen. So wie es für Schimpansen in Afrika völlig unmöglich wäre, sich ein großes Floß zu bauen, mit dem sie über den Atlantik nach Amerika fahren, um die dortigen Affen zu besuchen.

Wenn aber nun Aliens die Reise durch den Raum erfolgreich aus der anderen Richtung unternehmen und die Erde besuchen, dann hieße das: Sie müssten Fähigkeiten haben, um Probleme zu lösen oder Entfernungen zu überwinden, die die menschlichen Fähigkeiten mindestens so sehr übersteigen wie die menschlichen Fähigkeiten die der Schimpansen. Wenn Aliens es schaffen, zur Erde zu gelangen, wäre der geistige Abstand zwischen ihnen und den Menschen also mindestens so groß wie der geistige Abstand zwischen Menschen und Schimpansen. Und da es nicht gelungen ist und wohl auch nie gelingen wird, eine wirklich gemeinsame Sprache für Affen und Menschen zu finden, würde es wohl auch nicht gelingen, eine gemeinsame Sprache für Menschen und Aliens zu finden. Dazu ist die Bewusstseins- und Kommunikationsbarriere zu hoch.

Wenn Menschen und Aliens sich jemals begegnen sollten, müsste wahrscheinlich erst einmal eine Voraussetzung gegeben sein, damit sie sich verständigen können: Die Macht müsste mit ihnen sein, um es in der Sprache der *Star Wars*-Welt zu sagen. Menschen und Aliens müssten einen eigenen, neuen Sprachzauber finden.

Aber vorher sollten die Menschen vielleicht erst einmal darüber nachdenken, wie ihre eigene Sprache funktioniert. Dann würden sie möglicherweise auch das Wunder erkennen, das darin liegt, dass wir mit unserer Sprache über alles nachdenken können – sogar über die Sprache selbst. Und beim Nachdenken über diese wunderbare Fähigkeit kann ein etwas ungewöhnlicher Schritt hilfreich sein: eine neue Sprache erfinden.

BAUANLEITUNG FÜR EINE SPRACHE

Was man über den Zauber der Sprache lernen kann, wenn man anfängt, selbst eine zu bauen.

Wenn es so etwas wie ein Kreativitätsorgan gäbe, dann wäre es bei dem Schriftsteller J. R. R. Tolkien besonders groß gewesen. Nicht nur, dass er eine ganze eigene Welt erfunden hat, die von Hobbits, Elben, Zwergen oder Orks bevölkert ist. Er hat sich auch eine Sprache nach der anderen ausgedacht, von Quenya über Sindarin bis Khuzdul. Wer sie lernen will, kann sich entsprechende Wörterbücher und Grammatiken beschaffen. Nicht nur die Fantasiefigur Etienne aus *Fack ju Göhte* hat sich die Mühe gemacht, eine der Tolkien-Sprachen zu lernen. Auch in der wirklichen Welt gibt es Menschen, die sich auf Elbisch unterhalten.

Wer eine Sprache für eine Fantasiewelt in Büchern erfindet, hat es dabei vergleichsweise leicht. Schon wenn er sich ein paar Dutzend Wörter ausdenkt, ein paar Ausspracheregeln und vielleicht noch ein bisschen Grammatik, kann er dem Leser das Gefühl vermitteln: Ja, das ist eine ganze Sprachwelt, die sich dahinter verbirgt. Als der Amerikaner George R. R.

Martin die Bücherreihe *A Song of Ice and Fire* (auf Deutsch: *Das Lied von Eis und Feuer*) schrieb, genügten ihm beispielsweise 56 Wörter, um dem Reiter- und Kriegervolk der Dothraki eine Sprache zu geben. Davon waren 24 Eigennamen, bleiben 32 Wörter im eigentlichen Sinn.

Sprachen erfinden als Job

Als entschieden wurde, *Das Lied von Eis und Feuer* unter dem Titel *Game of Thrones* zu verfilmen, standen die Filmemacher aber vor einem Problem. Sie wollten Dialoge, teilweise minutenlang, in Sprachen wie Dothraki oder auch Hochvalyrisch auf den Bildschirm bringen. Natürlich mit einer »echten« Sprache untertitelt, also Englisch, Deutsch, Russisch oder Spanisch. Den Auftrag, die Sprachbrocken der erfundenen Völker aus dem Roman zu vollwertigen Sprachen auszubauen, bekam David J. Peterson. Und er erhielt ein Honorar dafür – dessen Höhe allerdings nicht bekannt ist. Aber: Peterson kann sagen, dass er mit einer ganz besonderen Tätigkeit Geld verdient: Sprachen erfinden.

Peterson brachte zwei Voraussetzungen mit, die ihn als einen geeigneten Sprachenkonstrukteur erscheinen ließen. Er hatte Sprachwissenschaft studiert, und er hatte schon als junger Mann ein etwas nerdiges Hobby, das sich jetzt als nützlich erwies: Er war Conlanger – also jemand, der in seiner Freizeit neue Sprachen erfindet. Besonders wichtig: Er wollte dabei besser sein als diejenigen, die sich in der *Star Wars*-Folge *Die Rückkehr der Jedi-Ritter* Folgendes ausdachten: Dort ist in einer Szene zu sehen, wie Prinzessin Leia – als Kopfgeldjäger Boushh verkleidet – mit Jabba the Hutt verhandelt und die Wort-

CREATE SOMETHING TODAY

folge »Yaté. Yaté. Yotó.« sagt. Das soll bedeuten, dass sie Kopfgeld für ihren Begleiter Chewbacca bekommen möchte. (In Wirklichkeit will sie sich und ihn einschmuggeln, um den gefangenen Han Solo zu befreien.) Als Nächstes sagt sie in dem Dialog: »Yotó. Yotó.« Das bedeutet, dass sie nicht weniger als 50 000 akzeptiert. So übersetzt es der Dolmetscher-Android C3PO. Als Leia eine Bombe zieht, um ihre Forderung nach Geld zu unterstreichen, sagt sie: »Eí yóto.«

Wenn Prinzessin Leia in *Star Wars* eine Alien-Sprache spricht, bleibt die Logik auf der Strecke.

David J. Peterson berichtet, dass er in der siebten oder achten Klasse war, als er den Film sah – und sich tagelang den Kopf zerbrach, wie es denn sein konnte, dass jemand mit so wenigen Wörtern so unterschiedliche Sachen ausdrückt. Er berichtet allerdings auch, dass ihn seine Altersgenossen mit mitleidigem Augenrollen bedachten, als er ihnen von seinem Kopfzerbrechen erzählte.

Es dauerte noch gut zwei Jahrzehnte, bis Peterson von ihm selbst erfundene Sprachen auf den Bildschirm bringen und einem Millionenpublikum präsentieren konnte. Sprachen, die in sich stimmiger waren: keine plumpe Aneinanderreihung von »Yaté« und »Yotó«. Vorher hatte Peterson allerdings einiges an Arbeit zu leisten. Weil es Menschen sind, die in *Game of Thrones* sprechen, sollten ihre Sprachen auch den üblichen Regeln menschlicher Sprachen folgen. Er wollte nicht den Weg gehen, den manche Conlanger nehmen, wenn sie sich Alien-Sprachen ausdenken und irgendetwas völlig Bizarres erfinden mit dem Argument: »Ist halt etwas aus einer weit entfernten Galaxie. Ist also auch weit entfernt von dem, was eine menschliche Sprache ausmacht.«

Zutaten zu echten Sprachen – ohne jedes System

Also war die Frage: Was macht eine menschliche Sprache aus? Wer ein bisschen darüber nachdenkt, stellt fest: Sie folgt bestimmten Regeln – wie ein Spiel. Da sind erst mal die Laute. Wer eine europäische Sprache wie Deutsch, Englisch oder Spanisch spricht, kann sich denken: Ist ja nicht so kompliziert. Da gibt es ein paar Vokale und dann irgendwie rund zwei Dutzend Konsonanten. Die setzt man fantasievoll zusammen und – schwupp! – hat man eine Sprache, die typisch menschlich ist.

Doch schon, wenn man in Fachbüchern liest, dass es auch Sprachen mit Vokalen gibt, die »geknarrt« oder »gemurmelt« werden, fragt man sich schnell: Wie das wohl klingt? Und sollte ich solche Knarrlaute vielleicht in meine erfundene Sprache einbauen? Und wenn man hört, dass die afrikanische Sprache !Xóõ weit über hundert Konsonanten hat, darunter viele Klick- und Schnalzlaute, während das Deutsche mit 25 Konsonanten auskommt, kann man sich fragen: Welche der Laute, die man auf der Erde so spricht, will ich in meine neue Sprache einbauen?

Dabei könnte einem auffallen: Bei manchen Lauten ist es gar nicht so wichtig, wie man sie genau ausspricht. Wer im Deutschen das »r« kräftig mit der Zungenspitze am Beginn der Zahnreihe rollt, wie es vor allem in Süddeutschland, aber auch in Friesland weit verbreitet ist, der wird damit genauso verstanden wie jemand, der das sogenannte Zäpfchen-r spricht. Wobei man feststellen muss: Wenn Deutsch eine erfundene Sprache wäre, dann hätte sich der Conlanger, der es sich ausdachte,

schon alleine zum Thema »r« einiges einfallen lassen: Es kann nicht nur gerollt oder vibrierend auftauchen. Es kann auch zu einer Art »a« werden. Vor allem im Norden und Westen Deutschlands und unter jungen Leuten quer durch die Republik klingen »Wurm« oder »Turm« eher nach »Wuam« oder »Tuam«.

Menschliche Sprachen haben aber nicht nur eine mehr oder minder feste Zahl von Lauten. Sie haben auch feste Regeln, wie diese Laute zusammengesetzt werden können. Im Deutschen, Englischen oder Spanischen etwa kann ein Wort mit der Konsonanten-Kombination »tr« beginnen (etwa »tragen«, »tree« oder »traer«), aber nicht mit der Kombination »tl«. Der Name des mexikanischen Gottes Tlaloc, der bei den Ureinwohnern Mexikos ebenso für Regen zuständig war wie für Schnee und Eis, kommt einem Deutschen, Engländer oder Spanier eher mühsam über die Lippen.

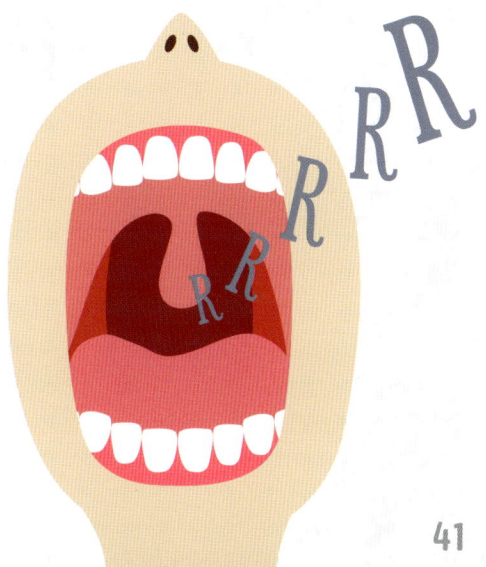

Regeln echter Sprachen – gegen jede Vernunft

Wenn man sich Regeln für die Laute einer Sprache überlegt hat, kommt die Anschlussfrage: Wie sollen die Wörter gebaut werden? Soll man die Information, wer etwas tut, ins Wort selbst stecken, etwa in die Wortendung? Im Spanischen funktioniert das gut, zum Beispiel beim Wort »hablar«, das für das deutsche »sprechen« steht: »hablo« – »ich spreche«, »hablas« – »du sprichst«. Im Englischen hingegen steckt die Information, wer etwas tut, vor allem außerhalb des Verbs: »I speak, you speak ...«

Dann geht es weiter. Soll es Fälle geben, wie im Russischen oder im Deutschen? Oder bevorzugt man als Sprachenbauer den französischen, italienischen oder auch spanischen Weg: kein Genitiv, Dativ oder Akkusativ – sondern Präpositionen wie »de« oder »a«? Und wie soll die Mehrzahl gebildet werden? Wenn man eine neue Sprache baut und sich wünscht, dass es nicht so kompliziert sein soll, dann liegt nahe, es etwa wie die Spanier zu machen: einfach ein »s« ans Wort hängen, wenn es mit einem Vokal endet. So wird aus »hombre« (Mann) »hombres« (Männer). Wenn ein Wort auf einen Konsonanten endet, hängen die Spanier ein »es« an. Aus »mujer« (Frau) wird so »mujeres« (Frauen).

Wenn man als Conlanger hingegen versuchen wollte, eine Sprache mit einer wirklich komplizierten Mehrzahlbildung neu zu erschaffen, könnte man sich am Deutschen orientieren. Daran lässt sich schön vor Augen führen, wie kompliziert eine Sprache sein kann:

der Saal ⇒ die Säle; der Wal ⇒ die Wale (nicht: die Wäle)

die Wahl ⇒ die Wahlen (nicht: die Wahle. Und auch nicht: die Wähle)

die Maus ⇒ die Mäuse; das Haus ⇒ die Häuser (nicht: die Häuse)

der Bogen ⇒ die Bögen; der Ellbogen ⇒ die Ellbogen (nicht: die Ellbögen)

das Boot ⇒ die Boote; die Not ⇒ die Nöte (nicht: die Note)

das Land ⇒ die Länder; der Sand ⇒ die Sande (nicht: die Sänder)

die Hand ⇒ die Hände (nicht: die Hande. Und auch nicht: die Händer)

die Mutter ⇒ die Mütter

die Mutter ⇒ die Muttern (wenn sie aus dem Werkzeugkasten kommen)

Wie viele Zeiten? Wie viel Zukunft?

Wenn man sich als Sprachenbauer einen Baukasten aus Lauten, Wortbestandteilen und Wortbildungsregeln zurechtgelegt hat, ist die Arbeit aber noch längst nicht erledigt. Man hat dann zwar das im Baukasten, was die Sprachwissenschaftler Phoneme (Laute), Morpheme (Wortbestandteile) und Lexeme (Wörter) nennen. Doch eine besonders knifflige Frage ist damit noch nicht beantwortet: Wie sollen die verschiedenen Zeiten ausgedrückt werden? Wie viele Zeitebenen brauche ich? Reicht eine Vergangenheit − schließlich ist vorbei ja vorbei? Oder brauche ich zwei, drei oder vier Vergangenheitsformen?

Sprachen wie beispielsweise Spanisch, Italienisch oder Portugiesisch gehen mit der Vergangenheit anders um als das Deutsche: Sie haben mehr Vergangenheitsstufen. Diese machen es möglich, sozusagen einen Vordergrund und einen Hintergrund zu zeichnen. Auch im Englischen ist das mit der »ing-Form« möglich.

Die Sache mit dem Vordergrund und dem Hintergrund kann allerdings jemanden, der eine solche Sprache neu lernt und in dessen Muttersprache es so etwas nicht gibt, mitunter in Verzweiflung stürzen. Welche Form soll ich jetzt verwenden? Vergangenheit Nummer eins? Oder Vergangenheit Nummer zwei? Oder Vergangenheit Nummer drei? Woher wissen das die Spanier, Italiener, Portugiesen? Weil sie damit aufgewachsen sind.

Grenzen der Verständigung

Als sich David J. Peterson überlegte, wie er die Sprache des Fantasievolks der Dothraki gestalten sollte, hatte er insbesondere eine Vorbedingung. Die Kunstsprache sollte − vor allem für die englischsprachigen Fans der Buchreihe − fremd und kriegerisch klingen. Am besten dazu geeignet schienen Laute wie »ch« im deutschen Wort »ach« oder ein kräftig gerolltes »r«.

Ebenfalls exotisch schien Peterson, eine Sprache zu bauen, die stark auf Vor-, Nach- und Zwischensilben setzt, um Wörter zu bilden. Man muss schon ein großer Liebhaber des Sprachenerfindens sein, um sich Wortbildungsregeln wie folgende auszudenken:

»Komparative Adjektive werden von Adjektiven mit dem Zirkumfix a-Adj-(a)n abgeleitet (umgesetzt als a-Adj-an, wenn das Adjektiv (Adj) auf einen Konsonanten endet oder a-Adj-n, wenn das Adjektiv auf einen Vokal endet. Diese Adjektive können dann in ein Verb verwandelt werden, indem das Infinitiv-Suffix -(l)at angehängt wird:

haj:
stark

ahajan:
stärker

ahajanat:
stärker sein.«

Alles klar? Hazi davrae! (So heißt »Das ist gut!« auf Dothraki.)

Sprachen besser machen!

Wer sich überlegt, wie eine neue typisch menschliche Sprache aussehen könnte, der stellt also schnell fest: Wenn sie wirklich so sein soll, wie Menschen sprechen, dann muss sie eine ganze Menge Elemente haben, die alles andere als logisch sind. Denn so unterschiedlich die – je nach Zählweise – rund

4000 bis 6000 Sprachen

sind, die es auf der Welt gibt, eines haben sie gemeinsam: Sie sind über viele Tausend Jahre entstanden. Und für viele Veränderungen, die sie in ihrer jahrtausendelangen Entwicklung durchgemacht haben, gibt es Gründe. Mit Logik haben diese Gründe allerdings selten etwas zu tun. Doch damit muss man sich ja nicht abfinden.

Schon seit Jahrhunderten haben Sprachbegeisterte immer wieder Vorschläge gemacht, wie eine Verständigungsform aussehen könnte, die nicht vor Ausnahmen und Widersprüchlichkeiten strotzt, so wie es die natürlichen Sprachen der Erde tun. Ein Ziel war dabei: Gedanken klarer in Worte fassen zu können, als es mit Deutsch, Englisch oder auch Chinesisch und Japanisch geht. Eine philosophische Sprache also, die einen die Welt erkennen und beschreiben lässt, wie sie *wirklich* ist.

Ein anderes Ziel lautete: eine Sprache schaffen, die jeder schnell und einfach lernen kann, damit alle

Männer und Frauen auf der ganzen Welt miteinander in Kontakt treten können.

Mit einer neuen Sprache die Welt verstehen

Der Ehrgeiz, die Welt zu erkennen, wie sie wirklich ist, wenn man nur endlich eine Sprache erfindet, die nicht so unlogisch ist wie die gängigen Menschen-Sprachen, war im 17. und 18. Jahrhundert besonders weit verbreitet. Der britische Philosoph und Naturforscher John Wilkins etwa hat viele Jahre damit verbracht, eine Verständigungsform zu entwickeln, die er »philosophical language« nannte – also »philosophische Sprache«. Dazu teilte er die ganze Welt in verschiedene Kategorien ein. Die Kategorien teilte er in Unterkategorien und die Unterkategorien in Unterunterkategorien ein.

Jeder dieser Bausteine bekam bestimmte Laute zugeteilt, aus denen sich ein Wort zusammensetzt. Dieses Wort steht also nicht nur für eine bestimmte Sache oder ein bestimmtes Lebewesen, so wie die Lautfol-

ge »Hund« – oder »dog«, »chien«, »perro«, »köpek« – je nach Sprache für das Tier steht, das in der internationalen Wissenschaftssprache *canis lupus familiaris* heißt. Vielmehr definiert das Wort, das man nach dem System von Wilkins erhält, die Sache. Oder, im Fall des Hundes, das Tier.

Wenn man das System der philosophischen Sprache am Beispiel »Hund« durchgeht, findet man Folgendes: Der Hund gehört bei John Wilkins in die Kategorie XVIII (Tiere) sowie in die Unterkategorie V (hundeartig, mit länglichem Kopf), sodann in die Unterunterkategorie 1 (europäisch, Landbewohner – im Gegensatz etwa zu Robben –, größere Sorte, die entweder positiv für Zahmsein oder negativ für Wildheit bekannt ist). In einer Liste kann man nun nachschlagen: Die Kategorie XVIII wird mit dem Laut »Zi« wiedergegeben. Die Unterkategorie V mit dem Laut »t« und

die Unterunterkategorie 1 mit einem Vokal, für den Wilkins den griechischen Buchstaben »α« verwendet. Der soll ausgesprochen werden wie der dem deutschen »o« ähnelnde Laut im englischen Wort »fought«. Zusammengesetzt ergibt sich das Wort »Zitα« für Hund (ein zähmbares Tier) – und »Zitαs« für Wolf (das »s« am Ende steht fürs Gegenteil: nicht zähmbar).

Dabei ist wichtig: »Zitα« ist nicht einfach ein neu ausgedachtes Wort für Hund, so wie sich J. R. R. Tolkien für seine erfundene Elben-Sprache Quenya das Wort »huo« für Hund ausgedacht hat oder wie sich der Dothraki-Erfinder David J. Peterson entschlossen hat, das Tier »jano« (sprich: dschano) zu nennen. Vielmehr definiert das Wort »Zitα« in der Gedankenwelt von John Wilkins ganz genau, worüber gesprochen wird: ein europäisches Landbewohner-Tier mit länglichem Kopf, das sich gut zähmen lässt. Wer das Definitionssystem von Wilkins im Kopf hat, erkennt: Damit ist das gemeint, wofür im Englischen das Wort »dog« steht, im Deutschen »Hund«, im Französischen »chien« – und so weiter.

Der Irrtum der Welterkenntnis

Es gab damals unter den berühmtesten Wissenschaftlern einige Zeit lang eine echte Begeisterung für Pläne wie die von John Wilkins. Irgendwann aber wurden zwei Dinge klar. Erstens: Eine solche »philosophische Sprache« ist furchtbar kompliziert. Und zweitens: John Wilkins ist ein beträchtlicher Denkfehler passiert. Er war überzeugt, wenn ein schlauer Kopf wie er sich nur ordentlich anstrengt, dann findet er auf jeden Fall die definitiven, ultimativen, unbestreitbaren Kategorien und Unterkategorien, mit denen man die Welt am besten beschreibt. Dass man die Welt vielleicht auch ganz anders sehen und beschreiben könnte, gehörte nicht zu seinen Überlegungen.

So war für ihn völlig klar, dass sich die Welt aus vier Elementen zusammensetzt: Feuer, Wasser, Erde, Luft. Diese »Elemente-Lehre« galt zu Wilkins' Zeit als unhinterfragbare, jahrtausendealte Wahrheit. Wasser unterteilt er dann wiederum in Unterkategorien wie Tropfen/Schaum, Wolke/Nebel, Regen/Tau, Eis/Schnee. Aber schon von den »vier Elementen« zu sprechen, gilt heute als völlig unwissenschaftlich und höchstens als eine poetisch-romantische Idee.

Wer Wasser definieren möchte, sagt, wenn er wissenschaftlich exakt sein will, wohl am ehesten: H_2O.

Mit einer neuen Sprache alle Menschen verstehen

Nicht wenige Philosophen hatten also einige Zeit lang den Ehrgeiz, mit einer künstlichen Sprache die Welt zu verstehen. Sie sind damit nicht so weit gekommen, wie erhofft. Ein anderes Ziel hatten Sprachenerfinder, die vor allem ab dem 19. Jahrhundert neue Verständigungsformen erdachten, die alle Menschen schnell und leicht lernen und verstehen können sollten. Mit dieser Idee machte sich der Pfarrer Johann Martin Schleyer aus Litzelstetten bei Konstanz als Erster einen international bekannten Namen. Er grübelte lange über die Frage, wie sich die Sprachbarrieren überwinden lassen, die die Völker der Welt trennen. Schließlich – so hat er es später berichtet – rasten in der Nacht auf den 31. März 1879 die Gedanken so lange durch seinen Kopf, bis er eine Eingebung hatte, die er selbst als göttlich betrachtete. Es »stand plötzlich das Gebäude meiner Weltsprache vor meinem geistigen Auge«, schrieb er später.

Dabei bediente sich Schleyer in vielerlei Hinsicht bei einer Sprache, die damals schon weltweit verbreitet war: dem Englischen. So wählte er das Wort »spikön«, um das auszudrücken, was im Deutschen dem Wort »sprechen« entspricht und im Englischen »to speak«. Die Welt fasste er in das Wort »vol«. Seine neue Sprache, mit der alle Menschen auf der ganzen Welt miteinander reden können sollten, taufte er Volapük.

Schleyer steckte viel Energie und Fantasie in seine Sprache. Allerdings war das Ergebnis seiner unermüdlichen Anstrengungen ziemlich kompliziert. Er hielt es für unerlässlich, dass die Wörter der neuen Weltsprache durch Konjugationen und Deklinationen hin- und hergebogen werden können. Und er spickte die Sprache mit Lauten, die Menschen in Deutschland, Finnland oder auch der Türkei vertraut sein mögen: »ä«, »ü« und »ö«. Anderswo hingegen lösen diese Buchstaben erst einmal Verwirrung aus.

Verschiedene Formen des Wortes für »lieben« – »löfön« – sehen beispielsweise so aus:

Trotzdem stieß die Idee nicht nur in Deutschland und Europa bei vielen Leuten auf Begeisterung. Schon bald gründeten sich in fast allen deutschen Großstädten »Weltsprachevereine«. Aber auch Dorfbewohner setzten sich zusammen, um Volapük zu lernen. Im Jahr 1887 wurde in München eine eigene Akademie gegründet, die Kadem Volapüka. Zu dieser Zeit summierte sich die Zahl der Volapük-Zeitungen auf mehr als 20.

Schleyer war aber nicht der erste Mensch, der sich Regeln für eine künstliche Weltsprache ausdachte, und er war auch nicht der einzige. Die Sprachennamen, die die – fast durchweg männlichen – Sprachschöpfer erfunden haben, sind fast so vielfältig wie die Ideen, die dahinterstanden: Alevato, Universalglot, Nal Bino, Lingua Komun, Idiom Neutral, Interlingua, Perio, Lingua Internacional. Und Esperanto.

löfob	ich liebe	löfobs	wir lieben
löfol	du liebst	löfols	ihr liebt
löfom	er liebt	löfoms	sie lieben (männlich)
löfof	sie liebt	löfofs	sie lieben (weiblich)

Weltfrieden durch die Einheitssprache

Eine große Hoffnung, wenn nicht sogar die größte denkbare Hoffnung – nichts Geringeres verband der polnische Augenarzt Ludwig Lazarus Zamenhof mit seinen Ideen für eine Weltsprache: Er hoffte darauf, dass die Zeiten, in denen Völker Waffen aufeinander richten und Kriege anzetteln, vorbei sein würden, wenn möglichst viele Menschen eine gleiche Sprache sprechen, in der sie sich verständigen können. Weil er diese Vision hatte, veröffentlichte Zamenhof unter dem Namen »Dr. Esperanto« im Jahr 1887 eine Broschüre, in der er die Regeln für die von ihm entwickelte Sprache erklärte. »Esperanto« be-

deutet in dieser Kunstsprache »Der Hoffende«. Der Geheimname des Arztes wurde bald auch zum Namen der neuen Sprache. Und Zamenhof ist in die Geschichte der Sprachenerfinder eingegangen.

Während andere Hilfssprachen, wie etwa Volapük, fast komplett in Vergessenheit geraten sind, gibt es seit über 130 Jahren auf allen Kontinenten Menschen, die unverdrossen Esperanto lernen, sprechen und pflegen. Je nach Schätzung sollen mehrere Hunderttausend bis deutlich über eine Million Männer und Frauen in der Lage sein, sich auf Esperanto auszutauschen. Es gibt sogar Muttersprachler, die von ihren Eltern mit der Kunstsprache großgezogen wurden. Die internationale Dachorganisation der Esperanto-Freunde (Universala Esperanto-Asocio) schätzt ihre Zahl auf rund tausend. Es sind Autoren darunter, die Bücher auf Esperanto schreiben, und Songwriter, die Lieder in der Kunstsprache dichten. Esperanto sei nicht nur in sich ziemlich logisch, versichern die Freunde dieser Sprache. Es habe auch einen Wortschatz, der vor allem für Menschen, die Englisch, Deutsch, Spanisch oder Französisch sprechen, leicht zu erlernen sei. Dass »trinki« für »trinken« steht, verstehen mit etwas Glück nicht nur Deutsche, sondern auch Briten oder Amerikaner. Dass »glacio« so viel bedeutet wie »Eis«, verstehen Franzosen auf Anhieb, schließlich heißt »Eis« auf Französisch »glace«. Aber auch Spanier und Lateinamerikaner dürften damit etwas anfangen können, schließlich heißt »glacial« bei ihnen so viel wie »eisig«.

Was die Grammatik angeht, dachte sich Zamenhof für seine friedenstiftende Sprache Regeln aus, die er für maximal unkompliziert hielt:

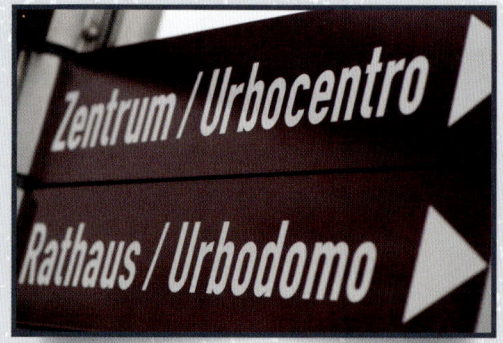

Die niedersächsische Stadt Herzberg hat im Jahr 2017 einige Schilder zweisprachig in Deutsch und Esperanto aufgestellt, um die Idee einer Weltsprache zu würdigen.

– nur ein Artikel: la (statt z. B. im Deutschen der, die, das)
– nur eine Art, die Mehrzahl zu bilden: durch ein angehängtes »j« (statt wie z. B. im Deutschen diverseste Möglichkeiten: Tag/Tage, Kind/Kinder, Bett/Betten, Oma/Omas, Thema/Themen, Mutter/Mütter usw.)
– nur eine Konjugation für alle Verben (statt über 190 wie im Deutschen)
– ein logisch konstruiertes »Baukastensystem« für die Bildung aller Wörter

Wortbildungssystem des Esperanto:

Silbe	Bedeutung	Esperanto-Beispiel	Deutsche Bedeutung
-o	Hauptwort (männlich)	kok-o	Hahn – allgemein auch: Huhn
-ej-	bestimmter Ort	kok-ej-o	Hühnerstall
-ist-	Beruf	kok-ist-o	Hühnerzüchter
-id-	Nachfolger	kok-ist-id-o	Sohn eines Hühnerzüchters
-in-	weiblich	kok-ist-id-in-o	Tochter eines Hühnerzüchters

(nach Philippe, Benoît: *Sprachwandel bei einer Plansprache am Beispiel des Esperanto*)

Bescheidenere Ziele

Einfache Aussprache, einfache Grammatik und der Weg zum Weltfrieden – all diese Argumente, die für Esperanto als Weltsprache sprechen, haben allerdings nichts genutzt. Zamenhof hat Ende des 19. Jahrhunderts Formulare mit einer Verpflichtungserklärung verbreitet. Wer seine Idee so gut fand wie er, sollte öffentlich versprechen, Esperanto zu lernen, sobald insgesamt zehn Millionen Menschen ein solches Formular unterzeichnet hätten. Doch nicht einmal diese erste Etappe, die sich Dr. Esperanto als Ziel gesetzt hat, ist bis heute erreicht.

Trotzdem ist die Idee nicht gestorben. Esperanto-Freunde auf der ganzen Welt pflegen Zamenhofs Erbe. Und neben ihnen gibt es eine bunte Gemeinschaft von Sprachenerfindern, die sich immer neue Wege ausdenken, wie Menschen sich austauschen könnten. Die »Language Creation Society« zum Beispiel ist zwar eine kleine Gemeinschaft, aber eine recht lebendige. Denn der Zauber, der auch in Kunstsprachen steckt, ist offenbar einfach nicht totzukriegen. Und schließlich gibt es eine ganz besondere Form von künstlichen Sprachen: diejenigen, die nur eine ausgewählte Gruppe von Menschen verstehen kann.

05 SPRACHE ALS GEHEIMNIS

Warum Menschen Botschaften verschlüsseln – und wie sie das tun.

Es ist nicht leicht, sich in den Kopf von Menschen hineinzuversetzen, die vor 400 oder 500 Jahren lebten. Wenn man sich aber etwas Mühe gibt und in Gedanken eine Zeitreise in frühere Jahrhunderte unternimmt, gelangt man in eine besondere Welt. In dieser Welt sind die meisten Leute sicher, dass Magie Realität ist: dass unter uns Hexen und Zauberer leben, die tatsächlich wirksame Zaubersprüche mit übersinnlichen Kräften aufsagen können. Wie wirkt auf solche Menschen im Mittelalter und in späteren Jahrhunderten ein Buch, in dem ganz augenscheinlich etwas Geheimnisvolles steht – nur niemand kann dieses Buch entziffern?

In jener Zeit muss ein ehrfurchtsvoller Schauder durch alle gehen, die ein solches Buch durchblättern oder auch nur in der Hand halten. Oder lediglich davon gehört haben, ohne das Buch selbst zu sehen. Sie fragen sich, ob in jenen geheimnisvollen Zeichen ein Schlüssel zu echter Zauberkraft steckt? Vielleicht eine Anleitung, wie man Gold machen kann – das ultimative Alchemie-Buch sozusagen –, oder ein Weg, wie man Krankheit und Tod überwindet, gar das ewige Leben gewinnt?

Es gibt ein geheimnisvolles Buch, das nicht nur im fernen Mittelalter die Fantasien vieler Menschen beflügelt hat. Auch im 20. und 21. Jahrhundert haben sich kluge Leute immer wieder das Hirn zermartert über die Frage: Was steht da? Das Buch, das unter dem Namen »Voynich-Manuskript« bekannt wurde, zeigt, dass Sprache eine ganz besondere Macht auf Menschen ausübt, wenn in ihr ein Geheimnis steckt. Ein Geheimnis, das bei diesem Buch bis heute nicht gelüftet ist und vielleicht nie gelüftet wird. Aber es ist auch ein Geheimnis, an dem sich zeigen lässt, welche Techniken Menschen verwenden, um Botschaften zu verschleiern, die nicht jeder auf Anhieb verstehen soll, von den Zeiten, als im Römischen Reich Julius Cäsar regierte, bis heute.

Ein Buch als Rätsel

Die Schriftzeichen und Abbildungen des Voynich-Manuskripts sind ein bis heute ungelöstes Rätsel.

Rund 240 Seiten Pergamentpapier sind es, die schon seit langer Zeit Wissenschaftler und Hobby-Rätselknacker schier zur Verzweiflung bringen. Im Jahr 1912 hat der polnisch-amerikanische Büchersammler und Buchhändler Wilfrid M. Voynich den kleinen Band in einer Bibliothek des katholischen Jesuitenordens in der Nähe von Rom gefunden. So erzählte er es zumindest später. Im Jahr 1969 ging das Manuskript aus dem Erbe der Witwe von Wilfrid Voynich an die amerikanische Elite-Universität Yale, die es seitdem aufbewahrt. Sie stellt das rätselhafte Buch übers Internet allen zur Verfügung, die es entschlüsseln wollen – und zwar unter dieser Adresse: *https://beinecke.library.yale.edu/collections/highlights/voynich-manuscript*

Wer das Manuskript durchblättert oder sich online durchklickt, sieht Zeichen, die nach einer Schrift aussehen. Aber diese Zeichen gehören zu keinem der traditionellen Schriftsysteme. Sie haben nichts mit der lateinischen Schrift zu tun, in der die meisten europäischen Sprachen aufgeschrieben werden, auch nichts mit der griechischen Schrift. Ebenso wenig mit dem in Osteuropa gebräuchlichen Kyrillisch oder mit Devanagari, das in Indien verwendet wird.

Neben den Schriftzeichen sind fast auf jeder Seite Bilder zu sehen, die in den vergangenen Jahrhunderten die Fantasie vieler Menschen ganz besonders angeregt haben: rankende Pflanzen, von denen viele aber nicht zu dem passen, was Botaniker aus der wirklichen Welt kennen. Nackte Frauen, die in großen Becken und Röhren stehen, in denen sie zu baden scheinen. Viele der Frauen sind offenbar schwanger. Sternkarten sind zu sehen und Symbole aus der Astrologie, die den Sternkonstellationen besondere Kräfte zuordnet.

Auch bei der Herkunft des Buches gibt es viele offene Fragen, weniges ist gewiss. Als sicher gilt unter anderem, dass Kaiser Rudolf II., der von 1576 bis 1608 das Heilige Römische Reich Deutscher Nation regierte, einer der Besitzer war. Er kaufte es für 600 Golddukaten, das war damals ein Vermögen. Der Herrscher zahlte diese riesige Summe aber gern, denn er glaubte, er würde damit ein Buch erwerben, in dem der mittelalterliche Alchemist und Philosoph Roger Bacon Geheimnisse niedergelegt habe. Diese Vermutung erwies sich als falsch, moderne chemische Analysen haben gezeigt, dass das Buch im 15. oder 16. Jahrhundert geschrieben wurde. Bacon hingegen lebte im 13. Jahrhundert.

Mit chemischen Analysen das Alter des Voynich-Manuskripts zu bestimmen, das gelingt heutigen Forschern also. Aber eine Frage können sie nicht beantworten, die schon seit Jahrhunderten offen ist: Was steht denn da?

Schon die Schrift lässt sich nicht klar deuten. Über die Frage, ob sich die Bögen, Striche, Kreise und Punkte in 23 oder eher in 40 Zeichen untergliedern lassen, gibt es Streit.

Auch über die Sprache, die hinter den rätselhaften Zeichen steht, gibt es verschiedene Meinungen. Einige Tüftler glauben, der Text, der mit den rätselhaften Zeichen wiedergegeben wird, sei Altenglisch. Der amerikanische Krebsforscher und Hobby-Verschlüsselungsspezialist Professor Leonell Strong etwa glaubte, folgende Worte erschließen zu können: »When skuge of tun'e-bag rip, seo uogon kum sli of se mosure-issued ped-stans skubent, stokked kimbo-elbow crawknot.«

Wer als Nichtmuttersprachler wenig Englisches in diesen Worten erkennen kann, muss sich keine Sorgen um seine Fremdsprachenkenntnisse machen. Auch den meisten Muttersprachlern ist diese vermeintliche Voynich-Übersetzung ein Rätsel. Das, was nach Ansicht von Professor Strong die Schilderung einer Geburt in mittelalterlichem Englisch ist, bleibt in den Augen der meisten anderen Voynich-Entschlüsseler sinnlos. Von denen sind viele sicher, dass Latein die Ausgangssprache des Voynich-Manuskripts sei. Denn das war schließlich die Sprache, in der im Mittelalter die meisten Texte aufgeschrieben wurden, wenn Wissen festgehalten werden sollte. Wieder andere »Voynichologen« sind überzeugt, eine frei erfundene Geheimsprache sei die Grundlage des Buches.

Jahrtausendealte Verschlüsselungstechniken

Vor der Frage, welche Sprache hinter dem Voynich-Text steht, muss aber eine andere Frage beantwortet werden: Welche Verschlüsselungstechnik steckt in dem Text? Diejenigen, die zunächst mit Geduld, Tüftler-Beharrlichkeit und später mit Computerunterstützung das Voynich-Manuskript enträtseln wollten, versuchten darin Techniken zu finden, wie sie Menschen auf der ganzen Welt in den vergangenen Jahrhunderten und Jahrtausenden entwickelt haben, um Botschaften auf geheime Weise zu übermitteln. Von diesen Techniken gibt es viele.

Eine vergleichsweise simple Strategie ist es, die Buchstaben eines gängigen Alphabets durch andere Zeichen zu ersetzen. Ein Text, der unter dem Titel »Zauberhandschrift« in der Universitätsbibliothek Kassel aufbewahrt wird, wäre ein typisches Beispiel dafür. Analysen haben ergeben, dass das Buch Ende des 18. Jahrhunderts aufgeschrieben wurde. Der Verfasser hat sich neue Zeichen einfallen lassen, um verschiedene Beschwörungsformeln aufzuschreiben. Wer weiß, welches Zeichen für

welchen Buchstaben unseres Alphabets steht, kann in der »Zauberhandschrift« Formeln wie diese lesen:

»Ich begehre, berufe und beschwöre Dich, Geist N., durch das Wasser, durch Feuer, durch Luft und Erde und was darinnen lebet und schwebet und sich beweget und durch die allerheiligsten Nahmen: Iesum Kristum, Agios, Iseiros, Paraelitus, Alfa et Omeiia, Gott und Mensch, Sabaoth, Adonai, Tetragramaton, Emanuel, Aba, Deus, Elion, Poena, Deus, Sachmaton, Arma, Mesia, Karal, Michael, Ambriel, Amteole, Jachenus et Perfim, Dei, Spiritus, Sanolum. Amen.«

Eine Verschlüsselung wie in der »Kasseler Zauberhandschrift«, bei der in einem geschriebenen Text einfach andere Zeichen verwendet werden, lässt sich ziemlich schnell enträtseln. Denn in allen Sprachen haben die verschiedenen Buchstaben eine ganz bestimmte Häufigkeit. So ist im Deutschen das »E« der mit Abstand häufigste Buchstabe, gefolgt von »N«, »I« und »R«. Wenn man in einem verschlüsselten Text nach den häufigsten Zeichen sucht und sie durch diese Buchstaben ersetzt, hat man schon mal einen klaren Hinweis darauf, was da stehen

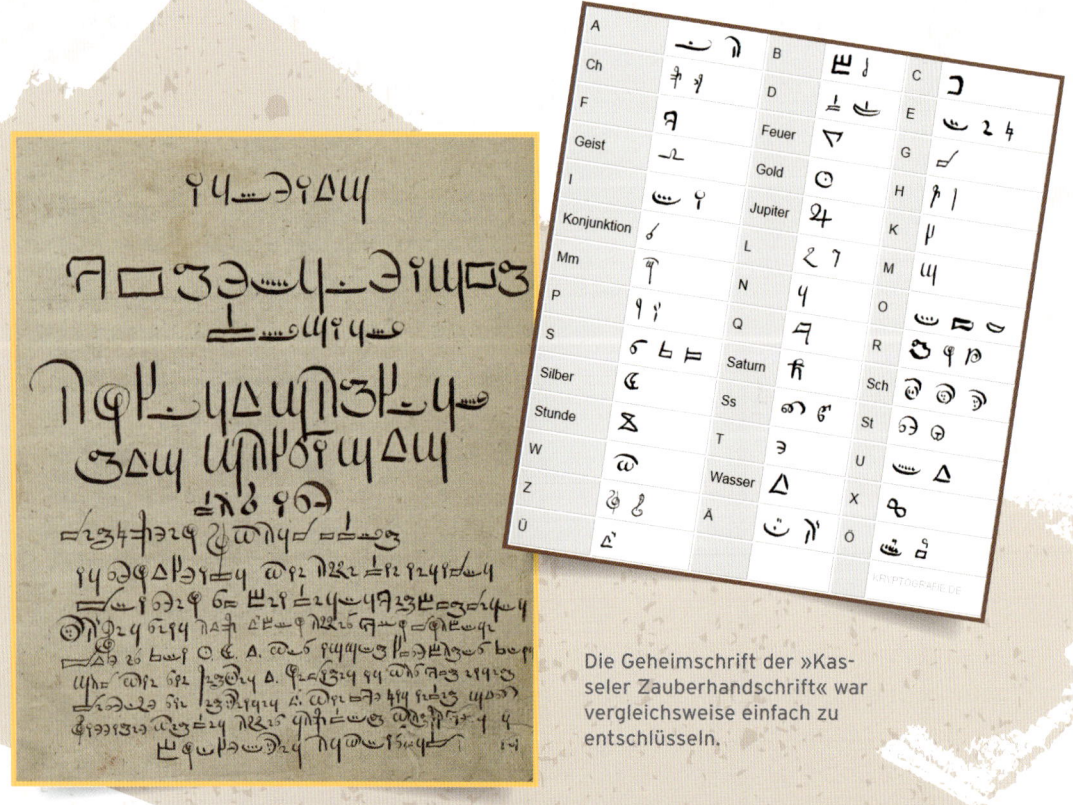

Die Geheimschrift der »Kasseler Zauberhandschrift« war vergleichsweise einfach zu entschlüsseln.

könnte – und kann Stück für Stück die anderen Zeichen entschlüsseln.

Auf diese Weise ist auch eine andere Verschlüsselungstechnik leicht zu knacken: das »Cäsar-Alphabet«. Es ist nach dem römischen Staatslenker und Eroberer Gaius Julius Cäsar benannt. Von ihm wird berichtet, dass er Nachrichten verschlüsselte, um bestimmte militärische oder auch politische Botschaften geheim zu halten. Cäsar habe das übliche Alphabet um einige Zeichen verschoben, heißt es. Bei einer Verschiebung um drei Zeichen sähe das so aus:

Ausgangsbuchstabe	A	B	C	D	E	F	G	H	I	J	K	L	M
Zielbuchstabe	D	E	F	G	H	I	J	K	L	M	N	O	P
Ausgangsbuchstabe	N	O	P	Q	R	S	T	U	V	W	X	Y	Z
Zielbuchstabe	Q	R	S	T	U	V	W	X	Y	Z	A	B	C

Auf diese Weise wird zum Beispiel aus einem A ein D, aus einem D ein G und so weiter. Aus der deutschen Wortfolge »DIESEN SATZ VERSTEHT KEINER« wird dann: »GLHVHQ VDWC YHUVWHKW NHLQHU«.

Damit solche Geheimbotschaften nicht ganz so leicht zu lesen sind, lässt sich die »Cäsar-Verschlüsselung« verfeinern. So kann man die Vokale weglassen. Aus »DIESEN SATZ VERSTEHT KEINER« wird also: »DSN STZ VRSTHT KNR«. Diese Buchstaben lassen sich natürlich ebenfalls nach dem Cäsar-Prinzip verschieben, beispielsweise mit einem Cäsar-Alphabet (ohne Vokale), das man um zwei Stellen verschiebt:

Ausgangsbuchstabe	B	C	D	F	G	H	J	K	L	M	N
Zielbuchstabe	Y	Z	B	C	D	F	G	H	J	K	L
Ausgangsbuchstabe	P	Q	R	S	T	V	W	X	Y	Z	
Zielbuchstabe	M	N	P	Q	R	S	T	V	W	X	

So ergibt sich: »BQL QRX SPQRFR HLP«. Eine Technik, um diese Zeichenfolge noch rätselhafter zu machen, wäre, beliebige Vokale zwischen die Konsonanten zu füllen. Dabei könnte Folgendes herauskommen: »BEQUÄL QUEREX SPQRFOR HELP«. Wer diese Botschaft ent-

schlüsseln will, könnte erst einmal auf falsche Pfade geraten. »Bequäl« klingt deutsch. »Querex« macht den Eindruck, es sei irgendwie lateinisch. »SPQR« sieht ganz klar nach etwas Lateinischem aus – es ist die Abkürzung für »SENATUS POPULUSQUE ROMANUS« (auf Deutsch: »Roms Senat und Volk«), die auf Inschriften im gesamten ehemaligen Römischen Reich zu sehen ist. Daran angehängt könnte man das englische Wort »for« erkennen und schließlich das englische »help«. Hat aber alles nichts mit der Grundbotschaft zu tun: »Diesen Satz versteht keiner«.

Von der Rätselmaschine zum Sprachcomputer

Die »Cäsar-Technik« war nur ein vergleichsweise simpler Anfang. Über die Jahrhunderte hat sich eine eigene Wissenschaft der Verschlüsselung von Botschaften entwickelt, die Kryptologie. Ab dem 17. Jahrhundert kamen immer öfter Maschinen zum Einsatz, um Botschaften zu einem Geheimnis zu machen. Kryptologen arbeiteten dabei stets von zwei Seiten. Die einen tüftelten immer raffiniertere Techniken aus, um Botschaften nur für den verstehbar

zu machen, der einen Entschlüsselungscode hatte. Die anderen arbeiteten daran, solche Codes zu knacken. Bald waren Kryptologen immer seltener Sprach-Fachleute, sondern immer öfter Mathematiker und später Computerexperten.

Spätestens im Zweiten Weltkrieg zeigte sich: In der modernen Welt kann die Frage, ob sich eine Botschaft geheim halten lässt, über Leben und Tod Tausender Menschen entscheiden. So gelang es Kryptologen um den britischen Mathematiker Alan Turing im Zweiten Weltkrieg, den »Enigma«-Code des deutschen Militärs zu knacken. »Enigma« ist das griechische Wort für »Rätsel«. Turing erkannte aber auch, dass Maschinen, die verschlüsselte Botschaften entschlüsseln können, genauso in der Lage sind, mit Menschen zu kommunizieren. Als Turing 1954 im Alter von 41 Jahren starb, sah er bereits voraus, was heute Alltag ist: Menschen stellen Fragen an digitale Sprachsysteme wie »Alexa« oder »Siri« und erhalten oftmals brauchbare Antworten. Menschen schreiben Nachrichten, auf die Chatbots antworten.

Gerade bei einem schriftlichen Austausch sei es aber gar nicht leicht zu wissen, ob es ein Mensch ist oder eine Maschine, die antwortet, überlegte Turing schon vor rund 70 Jahren und stellte fest: Wenn ein Mensch nicht mehr sagen kann, ob die Antworten, die er in einem längeren Austausch erhält, von einer Maschine oder von einem Menschen kommen, dann hätte eine Maschine, die solche Antworten gibt, so etwas wie Bewusstsein. Bis jetzt hat allerdings noch kein Programm diesen »Turing-Test« bestanden. Keine Maschine kann eigenständig sinnvoll schreiben oder sprechen, wie es ein Mensch kann. Sie ist immer darauf angewiesen, von Menschen gefüttert zu werden.

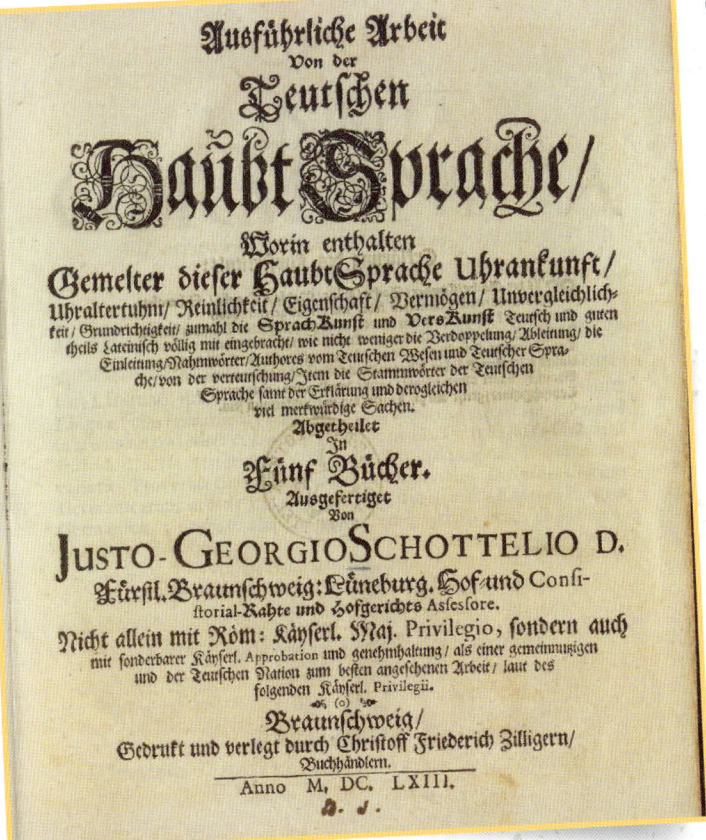

Der Sprachgelehrte J. G. Schottelius schrieb vor viereinhalb Jahrhunderten Ideen für Geheimsprachen auf.

Geheime Sprachen statt geheime Schriften

Egal ob es um Geheimbuchstaben oder eine Verschlüsselung mit einem mehr oder minder ausgeklügelten »Cäsar-Alphabet« geht – alle diese Techniken lassen sich nur auf schriftliche Botschaften anwenden. Wer die gesprochene Sprache so einsetzen will, dass sie nur ausgewählte Geheimnisempfänger verstehen, muss sich etwas anderes ausdenken.

Da gibt es etwa eine Technik, die heute manchmal mit dem etwas abfälligen Namen »Mädchensprache« belegt wird. Doch schon vor viereinhalb Jahrhunderten erläuterte der Sprachgelehrte Justus Georg Schottelius die Technik in dem sehr ernsthaften wissenschaftlichen Werk *Ausführliche Arbeit von der Teutschen HaubtSprache*. Man dehnt alle Silben in die Länge und baut beispielsweise den Buchstaben »p« ein. Aus der Wortfolge »Diesen Satz versteht keiner« wird somit: »Dipisepen Sapatz veperstehpet keipeineper«. Wer das mit einer etwas unüblichen Betonung ausspricht – zum Beispiel jeweils auf der zweiten Silbe –, kann möglicherweise mit jemandem sprechen, der die Regeln kennt, ohne dass andere etwas verstehen. Ähnlich funktioniert die »Löffelsprache«. Hier wird nach jedem Vokal die Silbe »-lef-« eingebaut. Das funktioniert auch mit »-löf-« oder »-laf-«.

Es sind aber nicht nur jugendliche Freundinnen oder Freunde, die auf dem Schulhof Geheimbotschaften in der »P-Sprache« oder der »Löffelsprache« in mehr oder weniger spielerischer Weise austauschen. So haben auch die erwachsenen Bewohner des unterfränkischen Dorfs Frammersbach immer wieder das Interesse etlicher Geheimsprachenforscher auf sich gezogen. Denn dort gab es unter einigen Einheimischen eine spezielle Technik, die verhindern sollte, dass Außenstehende etwas verstanden. Die Frammersbacher machten aus den hellen Vokalen (i, e) ein »ie«. Die dunklen Vokale (a, o, u) sowie »au« formten sie um zu »ue«. Aus »ä«, »ö« und »ü« wurde »üe«. Und aus »ei«, »ai« oder »oi«, wurde »ui«. Außerdem stellten die Sprecher des »Frammersbacher Welschen« den ersten Konsonanten eines Wortes um und hängten ihn ans Wortende, zusätzlich packten sie noch ein »ä« dazu. Das klingt kompliziert und das ist es auch. Doch et-

liche Frammersbacher beherrschten die Methode gut genug, um untereinander Geheimnisse auszutauschen. In ihrem »Welschen« würde aus »Diesen Satz versteht keiner« die Lautfolge: »iesiendä uetzsä ierstiehtvä uinierkä«. Heute findet sich allerdings auch in Frammersbach kaum noch jemand, der mit so einem Satz etwas anfangen könnte. Ihn versteht wirklich keiner.

Andere Wörter, andere Sprache

Weniger kompliziert als der Code des »Frammersbacher Welschen« ist die Verschlüsselungstechnik, die hinter Geheimsprachen mit Namen wie Masematte, Humpisch, Jenisch oder Buttjersprache steht. »Dat hat so gemeimelt, dat uns dat pani inne masminen lief« – in einem Wörterbuch zu Geheimsprachen in Westfalen zitiert der Sprachwissenschaftler Klaus Siewert diesen Beispielsatz aus dem in Münster verwendeten Masematte. Daran lässt sich gut sehen: Geheim wird eine Botschaft auch dann, wenn in einen Satz, der dem üblichen Grammatikmuster des Deutschen entspricht, so viele Spezialwörter – oder auch Geheimwörter – eingebaut werden, dass nur Eingeweihte ihn noch verstehen. In diesem Fall muss man wissen, dass »meimeln« für »regnen« steht, »pani« für »Wasser« und »masminen« für »Schuhe«.

Wie einfallsreich die Wortbildung in Münsters Masematte sein kann, zeigt sich gerade bei »pani«:

KRIBBELPANI – Sprudelwasser, Mineralwasser
NOBELPANI – Wein
PANILOCH – Brunnen
PANISCHUPPEN – Wasserwerk
PANIMALOCHER – Bademeister

Knierfte
Masematte: Butterbrot

jovel
Masematte: Gut

Werbung einer Bäckerei in Münster in der Geheimsprache Masematte

Manche Wörter, die in »Geheimsprachen-Wörterbüchern« (etwa über Masematte) auftauchen, sind freilich im ganzen deutschen Sprachraum ziemlich weit verbreitet. Dass »malochen« so viel heißt wie »arbeiten«, hat sich über Münster hinaus herumgesprochen. Auch »schofel« für »böse, schlimm, schlecht«, ist kein reines Masematte-Wort, ebenso wenig wie »Mischpoke« für »Verwandtschaft«. Was diese Beispiele vereint, ist: Sie haben ihre Wurzeln im Jiddischen, das sich in früheren Jahrhunderten als eigene Sprache unter den Juden Europas herausgebildet hat. Das Jiddische wiederum hat viele Elemente aus dem Hebräischen aufgenommen. Die Geheimsprachenbastler, die solche Wörter übernommen haben, waren dabei nicht unbedingt selbst Juden. Aber sie fanden es praktisch, sich bei einer Sprache zu bedienen, die vielen Nichtjuden zunächst unbekannt war.

Doch nicht nur Jiddisch wurde von denen, die in früheren Jahrhunderten ihre eigenen Verständigungsweisen entwickelten, gerne als Quelle genutzt. Auch Plattdeutsch, Niederländisch, Polnisch, Französisch, Spanisch lieferten Material. Und um neue Wörter zu bilden, wurden alte, bekanntere Wörter auseinandergenommen und neu zusammengesetzt. So wird aus dem niederdeutschen »pesen« für »laufen, rennen« in der

SECRET

Geheimsprache Humpisch das Wort »saeppen«.

Kaufleute, die etwa Humpisch benutzten, konnten auf diese Weise über Waren, Verträge und Preise so reden, dass Konkurrenten oder Kunden nicht alles verstanden. Was ein Vorteil sein kann, wenn man gute Geschäfte machen will. Das scheint funktioniert zu haben. Aus der Gegend in Westfalen, in der das Humpische erfunden wurde, stammen etliche Kaufmanns-Dynastien, deren Namen bis heute in der Textilbranche bekannt sind: C&A Brenninkmeijer, Peek & Cloppenburg oder Hettlage.

Aber nicht nur Händler in Nordwestdeutschland hatten ihre eigenen Sprachen. In früheren Jahrhunderten gab es eine Bevölkerungsgruppe, die als »fahrendes Volk« bezeichnet wurde. Scherenschleifer, Kesselflicker, Bürstenmacher, fliegende Händler, Gaukler, Bettler – eine bunte Mischung von Menschen reiste in früheren Zeiten durch Städte und Dörfer und suchte nach Überlebensmöglichkeiten. Mal innerhalb der Grenzen des Gesetzes, mal außerhalb.

Unter diesem fahrenden Volk, das auch »die Jenischen« genannt wurde, wuchsen eigene Sprachen heran: Rotwelsch und Jenisch, wobei die Grenzen zwischen den beiden fließend sind. Solche Geheimsprachen konnten sich entwickeln, weil die Jenischen mit dem Rest der Bevölkerung nicht sehr viel zu tun hatten. Unter solchen Bedingungen entwickeln sich ganz von selbst eigene Verständigungsformen, so wie es auch bei anderen speziellen Gruppen geschieht: Jägern, Wissenschaftlern, Sportlern. Außerdem war es bei den Geschäften und manchmal auch bei Gaunereien, mit denen sich das fahrende Volk durchschlug, ganz praktisch, wenn die braven Bürger nicht alles verstanden, was da geredet wurde. An einigen Orten siedelten sich Jenische irgendwann dauerhaft an und bildeten eigene Sprachinseln, etwa in der nordbayerischen Kleinstadt Schillingsfürst.

Geheimbotschaft oder einfach nur Graffiti?

Hochdeutsch	Humpisch, Münsterland	Jenisch, Schillingsfürst	Masematte, Münster
arbeiten	brügeln	schinageln	malochen
Arzt	Mulschfailer	Pegerer	Schmarrer
Bett	Piölte	Sänft	Firche
Bier	Ross	Plamp	Lowine
essen	butten	buttern	spachteln
Frau	Mussken	Tschai	Ische
Haus	Kasse	Kanti	Beis
Hose	Schmerse	Buxe	Bosse
Hund	Kluns	Kelof	Keilof
Hut	Tümes	Adich	Dohling
Kartoffeln	Hussekes	Schundbolln	Matrelen
Katze	Mauke	Schmali	Matschka
kaufen	soimen	paschen	bicken
Kind	Fanke	Schrapp	Koten
Kirche	Sankse	Duft	Murmelschuppen
Kuh	Draikop	Gleistrampel	Pore
Mädchen	Grüse	Mäschli	Choie
Mund	Gäppert	Butschnabel	Gosche
Nase	Snüwert	Muffer	Zinken
Polizist	Stübber	Schucker	Greifer
schlafen	faiken	dorme	firchen
trinken	pojen	schwächen	picheln
Uhr	Bimse	Noberi	Kabane
Wirtshaus	Tispe	Koberi	Pichelbeis

Geheim bleibt nicht geheim

Schmiere stehen, Reibach machen, in den Knast wandern, pleitegehen – man möchte heute gar nicht glauben, dass solche Begriffe früher zu Geheimsprachen gehörten. Viele Wörter aus dem Rotwelschen und dem Jenischen sind inzwischen völlig alltägliche Umgangssprache. Doch auch eher seltene Geheimwörter sind nicht lange wirklich geheim geblieben. Schon 1510 wurde das »Liber vagatorum« veröffentlicht, ein Wörterbuch zur Sprache der Vagabunden. Wer es geschrieben hat, ist nicht sicher.

Das Titelblatt des *Liber vagatorum* aus dem Jahr 1510: eine Bettlerfamilie auf dem Weg zur Stadt.

Im Jahr 1858 füllte der Jurist Christian Avé-Lallemant aus Lübeck immerhin zwei komplette Bände mit seinem Werk über *Das deutsche Gaunertum*. Ein großer Teil davon ist der Sprache der Menschen gewidmet, die Avé-Lallemant als Gauner bezeichnete.

Geheim bleibt doch geheim – oder ist gar nicht geheim?

Was lange Zeit geheim war, wurde also so gut wie immer irgendwann entschlüsselt. Das gilt für Geheimsprachen genauso wie für aufwendig abgesicherte Computerdateien. Nur am Voynich-Manuskript beißen sich Kryptologen bis heute die Zähne aus. Es gibt keine Einigkeit darüber, ob die geheimnisvollen Zeichen Buchstaben des lateinischen Alphabets entsprechen oder ob sie nicht vielleicht für Zahlen stehen, hinter denen wiederum eine Botschaft steckt. Es gibt verschiedenste Theorien, welche Sprache hinter den geheimnisvollen Zeichen verborgen sein könnte: Neben Altenglisch und

Latein glauben Forscher Hinweise auf Dänisch, Deutsch oder Spanisch gefunden zu haben. Andere wiederum sind sicher, dass eine planmäßig erfundene Sprache dahintersteht, eine frühe »Conlang« also, eine »constructed language«.

Womöglich ist die Lösung des Rätsels aber gar nicht so kompliziert. Der britische Computer-Spezialist Gordon Rugg kam nach intensiver Beschäftigung mit dem Voynich-Manuskript zu dem Ergebnis, dass dahinter überhaupt keine Botschaft steht. Vielmehr habe jemand vor vielen Jahrhunderten große Mühe aufgewandt, Zeichen und Bilder zu kombinieren, die geheimnisvoll aussehen, aber völlig sinnfrei sind. Gründe, warum jemand sich die Mühe machen sollte, damit mehr als 200 Seiten zu füllen, kann es mehrere geben. Vielleicht hatte Jemand einfach Spaß daran. So wie heute »Conlanger« Vergnügen

daraus ziehen, sich neue Sprachen auszudenken. Und vielleicht wollte dieser jemand mit dem Ergebnis seines spielerischen Spaßprojekts auch Geld verdienen: Dass es Leute gibt, die für ein geheimes Buch viel Geld zahlen, hat spätestens Kaiser Rudolf II. bewiesen, als er für das Voynich-Manuskript ein mittleres Vermögen zahlte. Wer auch immer hinter dem Voynich-Manuskript steht, er (oder auch sie) ist in die Geschichte der Wissenschaft von den Geheimsprachen eingegangen. Auch wenn sein (oder ihr) Name wohl immer eines bleiben wird: geheim.

Man kann sich dabei sicher sein: Wer auch immer hinter dem Voynich-Manuskript steckt, hat enorm viel Aufwand betrieben. Mitunter machen aber Menschen ganz unbewusst und spielerisch aus ihrer Sprache ein Geheimnis. Das zeigen vor allem Jugendliche auf der ganzen Welt immer wieder aufs Neue.

06 SPRICHST DU JUGEND, DIGGAH?

Was dabei herauskommt, wenn junge Menschen ihren ganz eigenen Zauberstab über der Sprache schwingen – und wenn ältere sich damit beschäftigen.

→ Nachdenkfrage: Könnte man irgendwo in einer Stadt, in der Deutsch gesprochen wird, ein Gespräch wie dieses belauschen?

- Ey, Diggah – echt jetzt? Liest du Buch? Über Sprachzauber?
- Jo, Bruder! Isch will nisch mehr voll die Evolutionsbremse sein.
- Ehrenmann!
- Jo, Bro! Will nisch mehr geflert werden, weil isch so'n Brothirn bin. Ab jetzt heißt's: I bims voll der Checker vong Brain her: Askla?
- Isch feier's, Diggah!
- Jo, läuft bei mir!

Naa jaaa ... wohl eher nicht ...

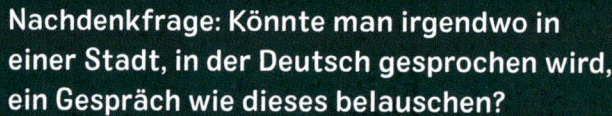

Aber: Es passiert tatsächlich, dass junge Menschen ihren ganz speziellen Zauber in die Sprache bringen und sie in etwas verwandeln, was ältere vielleicht nicht auf Anhieb verstehen. Was dann die älteren oft so fasziniert, dass sie sich immer wieder den Kopf zerbrechen, was diese Jugendsprache eigentlich ausmacht. Das lässt sich sogar höchst wissenschaftlich beschreiben. Sprachforscher haben in den vergangenen Jahrzehnten immer genauere Untersuchungen geliefert, was geschieht, wenn junge Leute auf ihre ganz eigene Weise kommunizieren:

Bei den LAUTEN ...

... probieren Jugendliche Neues aus: Sie machen etwa aus einem »ich« ein »isch«. (Die Sprachwissenschaft spricht von *Koronalisierung*.) Sie machen aus »Dicker« die Anrede »Digger«, gerne auch geschrieben als Digga oder Diggah. (Die Sprachwissenschaft spricht von *Lenisierung*.)

Bei der WORT-BILDUNG ...

... ziehen Jugendliche Wörter zusammen und lassen dadurch neue eigene Wörter entstehen: Aus »lass uns mal« wird »lassma«. (Die Sprachwissenschaft spricht von *Verkürzung* und *Klitisierung*). Sie steigern Wörter, indem sie die Vorsilbe »end« ankleben: Die Tasche ist endgeil, wirklich endschön, aber leider auch endteuer. (Die Sprachwissenschaft spricht von *expressiver Steigerung durch Präfigierung*.)

... benutzen Jugendliche gerne Wörter aus anderen Sprachen:

- aus dem Englischen, z. B. nice, fresh, random, safe, cringe, pissed, cute, prank, hate und viele andere
- aus dem Türkischen, z. B. lan – Mann
- aus dem Polnischen, z. B. kurwa – Hure
- aus dem Russischen, z. B. cyka blyad (in kyrillischer Schrift: Сука блядь, gesprochen »suka bljad«) – Hure, Schlampe
- aus dem Arabischen, z. B. wallah – Ich schwöre bei Gott, oder kurz: Ischwör ...

(Die Sprachwissenschaft spricht von *Entlehnung*.)

Dabei werden manche Wörter in ihrer fremdsprachigen Form belassen: safe, ever, random oder cute. Andere werden ins deutsche Sprachsystem eingebaut: Aus to chill wird das deutsche Verb chillen (ich chille, ich habe gechillt, ich chillte ... auch in der reflexiven Form: sich chillen) oder das deutsche Adjektiv chillig.

... benutzen Jugendliche gerne Begriffe, die Erwachsene anstößig finden: zum Beispiel Missgeburt, Fotze, fickbar, Hurensohn. (Die Sprachwissenschaft spricht von *diastratisch niedrig markierten Lexemen*.) Auch hier gibt es *Entlehnungen*: fuckable (statt fickbar).

... benutzen Jugendliche Begriffe, die Erwachsene bei ihnen nicht erwarten: z. B. Ehrenmann, kolossal, gediegen, episch. (Die Sprachwissenschaft spricht von *diastratisch hoch markierten Lexemen*.)

... benutzen Jugendliche Wörter mit neuer Bedeutung: z. B. »Lauch« für Schwächling. (Die Sprachwissenschaft spricht von einer *Metapher*, gegebenenfalls auch von einer *Neosemantisierung*.)

... benutzen Jugendliche gerne kurze Wörter, die keine eigene Bedeutung haben: hey, so, bruh. (Die Sprachwissenschaft spricht von *Interjektionen* und *Abtönungspartikeln*.)

Beim SATZBAU ...

... lassen Jugendliche gerne mal Wörter weg, die Erwachsene für notwendig halten: »Ey, kann ich deine Streifenkarte? Ich geh nachher Karstadt. – Ach? Nimmste Bus?« (Die Sprachwissenschaft spricht von *Ellipsen*.)

Beim SCHREIBEN ...

... verwenden Jugendliche gerne Abkürzungen: OMG (oh my God), wtf (what the fuck), hdf (halt die Fresse), fomo (fear of missing out), btw (by the way) – und vieles mehr. (Die Sprachwissenschaft spricht von *Akronymen*.)

Diese Werbung einer Musikerin für ihr neues Album klingt jugendlich, oder?

MACH MA INSTA
MACH MA LIEBE

HOLMA, LASSMA, TUMA? UNSERE AZUBIS HABEN NOCH RICHTIGE NAMEN.

MACH, WAS WIRKLICH ZÄHLT.

BUNDESWEHR

Selbst die Bundeswehr wirbt mit so etwas Ähnlichem wie Jugendsprache um Nachwuchs.

Die Jugendsprache hat dabei einen ganz eigenen Zauber. Wenn man Sprachforschern glauben darf, war es schon immer so, dass junge Leute irgendwie anders gesprochen haben als ältere. Zum Thema für die Seite eins von Zeitschriften mit Millionenauflage wie »Der Spiegel«, »Stern« oder »Focus« und zum Thema eigener Bücher wurde die Jugendsprache etwa ab Mitte der 1980er-Jahre. Damals begannen Buchverlage damit, Jugendsprachen-Wörterbücher herauszugeben, inzwischen gibt es Dutzende davon.

Vor rund 40 Jahren begann das Thema »Jugendsprache« bei Zeitschriften und Buchverlagen beliebt zu werden.

Etwa zu dieser Zeit begannen auch Sprachwissenschaftler, sich mit dem Thema ernsthaft zu befassen, mitunter todernst. Das Ergebnis der wissenschaftlichen Forschung: Viele Jugendliche sprechen immer wieder anders als Erwachsene, aber eine gemeinsame Sprache der Jugend gibt es nicht. Nicht alle Gymnasiasten im Hamburger Stadtteil Mümmelmannsberg sprechen wie alle Mittelschüler im Münchner Stadtteil Hasenbergl. Die 16-jährige Lisa aus Karlsruhe spricht nicht wie die 16-jährige Elif aus Köln.

Was allerdings sicher ist: Sprache ist ein Zauberstab, mit dem eine Gruppe von Menschen, die sonst nichts gemeinsam haben, dafür sorgen kann, doch etwas gemeinsam zu haben: eine eigene Sprechweise. Wenn Teenager sich gegenseitig versichern wollen: »Wir sind die coole, freshe Jugend von heute – wir sind nicht wie die alten Säcke!«, dann hilft es, wenn sie ab und zu ein paar spezielle Wörter, Wendungen, Geräusche in das einbauen, was sie reden und schreiben. Sie bilden einen *Soziolekt*, sagen Sprachforscher. Der aber eben in der einen Clique von Jugendlichen anders klingt als bei einer anderen Squad.

Die Jugendsprache von gestern ist die Altensprache von heute

Bemerkenswert ist dabei: Die Zahl der Jugendlichen – und damit die Zahl der potenziellen Sprecher von Jugendsprache – ist heute dramatisch niedriger als noch vor ein paar Jahrzehnten. Im Jahr 1964, das als der Höhepunkt des Babybooms in die deutsche Geschichte eingegangen ist, kamen in Westdeutschland und der DDR zusammen knapp 1,4 Millionen Menschen zur Welt. Um das Jahr 1980 sorgten die Babyboomer bei den damaligen Erwachsenen für Unverständnis, wenn es auf ihren Feten fetzte, während die Macker und die Tussis abhotteten, nachdem sie vielleicht einen durchgezogen hatten. Eltern waren im schlimmsten Fall abgefuckte Gruftis.

Diejenigen, deren Ausdrucksweise zum Beispiel das Lexikon der Jugendsprache von 1985 beschreibt, sind inzwischen aber älter als 50. Sie gehen auf die Rente zu oder sind schon Rentner. Heute blättern die Babyboomer mit einem melancholischen Lächeln auf den Lippen durch die Bücher, in denen festgehalten ist, was man in der – aus ihrer Sicht – guten alten Zeit tatsächlich mal ge-

sagt hat. Und sie staunen, was für Wörter damals den Weg in ein solches Lexikon der Jugendsprache fanden: von A wie »ausrasten« über C wie »cool« und I wie »irre« bis Z wie »zusammenfalten«. Es gibt Dutzende, wenn nicht Hunderte Wörter, die früher als jugendtypisch galten, inzwischen aber ganz normale Alltagssprache sind.

Dass die Jugendsprache von einst in vielerlei Hinsicht inzwischen Altensprache geworden ist, verwundert nicht: Es leben im deutschen Sprachraum eben doppelt so viele 56-Jährige wie 16-Jährige. Die Alten geben auch beim Thema Sprache inzwischen weit mehr den Ton an als früher, einfach weil es weit mehr Alte gibt als früher. Die Jugendsprache war vor 50 Jahren noch – sprachwissenschaftlich gesehen – der *Soziolekt* einer ziemlich großen Gruppe. Heute ist sie eine kuriose Spezialsprache einer eher kleinen Gruppe.

Mit Chantal auf der Jugendsprach-Schule

Und man hat manchmal den Verdacht, dass es gar nicht die jungen Menschen selbst sind, die bestimmte Eigenheiten der aktuellen Jugendsprache herbeizaubern. Ganz offensichtlich sind es häufig eher ältere Verlagsmitarbeiter oder auch Kinoleute, die sich ausdenken, was Jugendsprache sein könnte. Was dann dadurch vielleicht wirklich zur Jugendsprache wird. Wenn Millionen junge und nicht mehr ganz so junge Menschen in den *Fack ju Göhte*-Filmen vorgeführt bekamen, wie man spricht, wenn man Chantal heißt, dann schprischt eben kurz darauf auch Annalena vollkrass wie Schantall, nä?

Mit dem, wie Jugendliche (angeblich oder tatsächlich) reden, lässt sich ordentlich Geld machen: im Kino, auf YouTube oder im Buchhandel. Wer eines der Jugendsprach-Wörterbücher zur Hand nimmt, die jedes Jahr in beträchtlicher Zahl neu erscheinen, kann seinen Jugendsprach-Wortschatz locker auf ein paar Hundert oder gar Tausend Begriffe aufstocken. Das ist gar nicht wenig, wenn man bedenkt, dass der Grundwortschatz, der üblicherweise genügt, um sich zu verständigen, etwa 2000 Wörter umfasst.

Und falls sich bei den Jugendlichen in Erfurt nicht schon vorher herumgesprochen haben sollte, dass es um das Jahr 2017 mal eine »Vong-Sprache« gab, die als Sonderform der Jugendsprache gehandelt wurde: Die Stadtwerke waren so freundlich, sie darauf aufmerksam zu machen: »I bims deim Ticket«.

In Erfurt versuchten die Stadtwerke einige Zeit lang in jugendlicher »Vong-Sprache« mit ihren Kunden zu kommunizieren.

Wobei die »Vong-Sprache« ein Beispiel ist für Entwicklungen der Jugendsprache, die eine eher kurze Lebensdauer haben. Anderes, was junge Leute spielerisch in die Sprache einbauen, hält sich länger – und verändert nicht selten für immer die gesamte Sprache.

Das Jugendwort des Jahres

In Deutschland wird nicht nur regelmäßig ein »Vogel des Jahres« oder ein »Spiel des Jahres« gekürt – sondern auch ein »Jugendwort des Jahres«. Gesucht und verkündet wird es durch einen Buchverlag.

Kritiker werfen dem Verlag vor, das »Jugendwort« habe nichts mit der sprachlichen Wirklichkeit zu tun. Vielmehr gehe es dem Verlag darum, Aufmerksamkeit für sein »Lexikon der Jugendsprache« zu erhalten. Der Verlag weist darauf hin, dass sehr viele – junge – Leute an der Auswahl beteiligt sind und die Beschäftigung mit Sprache immer interessant sei.

Egal, welche Argumente man für stichhaltiger hält, es ist auf jeden Fall unterhaltsam, sich die »Jugendwörter des Jahres« aus den vergangenen Jahren anzuschauen.

2019	(Wahl fand nicht statt)	-
2018	Ehrenmann / Ehrenfrau	Jemand, der etwas Besonderes für jemand anderen tut.
2017	I bims	Formulierung für »Ich bin's«, die stellvertretend für die gesamte »Vong-Sprache« steht.
2016	fly sein	Wenn jemand oder etwas besonders gut ist oder jemand sich besonders gut fühlt
2015	Smombie	Aus »Smartphone« und »Zombie«: Menschen, die wie Zombies durch die Straßen wanken und nur aufs Smartphone starren.
2014	Läuft bei dir!	Wenn es gut läuft und alles klappt. Oder ironisch: wenn es eben gerade gar nicht gut läuft.
2013	Babo	Chef, Boss, Anführer.
2012	Yolo	Abkürzung für »you only live once«: Du lebst nur einmal.
2011	Swag	Coole Ausstrahlung.
2010	Niveaulimbo	Angelehnt an den Limbo-Tanz, bei dem man unter einer Stange hindurchtanzt: wenn Witze/Gespräche immer seichter werden.
2009	hartzen	Von »Hartz IV«: arbeitslos sein und faul herumhängen.
2008	Gammelfleischparty	Ü-30-Party, Party älterer Leute.

07 DAS IST DER HAMAR!

Warum wir nicht mehr so sprechen wie früher – und warum wir in tausend Jahren nicht mehr so sprechen werden wie heute.

Wer zuerst ins Museum und dann in den Baumarkt geht, kann keinen Zweifel haben: Ein Hammer sieht heute ziemlich genau so aus wie vor zweitausend Jahren. Das ist auch nicht weiter verwunderlich. Schließlich hat ein heutiger Hammer die gleiche Funktion wie der aus der Römer- oder Keltenzeit: Man schlägt damit Nägel in Bretter oder Wände. Warum also sollte dieses Werkzeug heute anders aussehen als früher, wo es doch den gleichen Zweck erfüllt?

Was aber sehr wohl anders aussieht als früher, sind die Wörter, die die Menschen benutzen, um dieses Werkzeug zu benennen. Wo heute im deutschsprachigen Raum vom »Hammer« die Rede ist, wurde vor über tausend Jahren im Althochdeutschen vom »hamar« gesprochen und vor zweitausend Jahren unter den Germanen vom »hamara«. Deutlich stärker noch haben die Nachfolgesprachen der Römersprache Latein das entsprechende Wort umgeschmiedet. Aus dem lateinischen »martellus« (gesprochen ähnlich wie im Deutschen) wurde im Spanischen ein »martillo« (gesprochen: »martílljo«) und im Französischen ein »marteau« (gesprochen »martóh«).

So sah ein Hammer vor zweitausend Jahren aus, und er sieht heute im Wesentlichen auch noch so aus – nur das Wort für das Werkzeug ist anders.

Warum etwas verändern, was gut funktioniert?

Man kann also sicher sein: Wenn ein Germane oder Römer mit einer Zeitmaschine aus seiner Welt von vor zweitausend Jahren in die Gegenwart käme, täte er sich ziemlich schwer, in einem Baumarkt in Berlin, Paris oder Madrid nach dem Werkzeug zu fragen, das man braucht, um einen Nagel in die Wand zu schlagen. Nicht nur das einzelne Wort, das er dafür verwenden würde, wäre für die heutigen Verkäufer schwer verständ-

lich. Auch der Rest der Sprache von vor zweitausend Jahren klingt heute rundum fremd.

Stellt sich die Frage: Warum verändern die Menschen ihre Sprache, also das Werkzeug, mit dem sie sich verständigen? Warum reden wir nicht mehr so wie vor tausend oder zweitausend Jahren? Ist »Hammer« besser als »hamara«? Welchen Vorteil hat es, nicht mehr »martellus« zu sagen, sondern »martillo« oder »marteau«?

Nur ein Teil der laufenden Sprachveränderungen lässt sich auf Anhieb einfach und logisch erklären. Dazu gehören die sogenannten Entlehnungen: Wenn Menschen ein Wort für etwas brauchen, das es vorher nicht gab, müssen sie dieses Wort irgendwo hernehmen. Und wenn sich jemand in einer anderen Sprache dafür schon ein Wort ausgedacht hat, liegt es nahe, dieses Wort zu benutzen. So kam der »Computer« aus dem Englischen in die deutsche Sprache. Mit diesem Wort wiederum stützen sich Briten und Amerikaner auf den lateinischen Begriff »computare« für »berechnen«.

Ähnlich verlief die Geschichte des Wortes »Zucker«. Den haben lange vor den Europäern die Araber zu schätzen gewusst. Die Orientalen liebten schon vor vielen Jahrhunderten Süßes. Um ihre Süßwaren zuzubereiten, benutzten sie ein süßes Pulver, das sie »sukkar« nannten. Diese Leckerei fanden die Italiener früherer Zeiten wunderbar und nannten sie »zucchero«. Daraus wurde der deutsche Zucker.

Die Deutschen können sich im Gegenzug damit trösten, dass viele fremde Völker (wie die Briten und Amerikaner) gerne vom »rucksack« sprechen, wenn sie sich eine große Tasche auf den Rücken schnallen, oder vom »kindergarten«, wenn sie ihren Nachwuchs zur Betreuung bringen. Letzteres Wort ist in Lateinamerika sogar so beliebt, dass es gerne abgekürzt wird zu »el kinder«.

Nur der Wandel ändert sich nicht

Quer durch alle Sprachen hat sich aber in den vergangenen Jahrtausenden nicht nur der Wortschatz verändert, sondern auch die Aussprache und die Grammatik. Besonders deutlich lässt sich das an der Römersprache Latein sehen. Dort, wo früher jahrhundertelang Latein geredet wurde, hörten die Menschen irgendwann auf, »cantabo« zu sagen, wenn sie ausdrücken wollten: »Ich werde singen«. Sie sagten lieber »cantare habeo«, was eigentlich so viel heißt wie »Ich habe zu singen«. Das wiederum war ihnen zu lang, hatte zu viele Silben. Also zogen sie es zusammen zu »canterò« im Italienischen, zu »cantaré« im Spanischen oder zu »chanterai« im Französischen.

Aber nicht nur die Vorfahren der heutigen Franzosen, Italiener und Spanier haben an ihrer jeweiligen Sprache laufend herumgebastelt. Die Vorfahren der Deutschen, Briten oder Niederländer waren mindestens genauso fleißig. Die Art und Weise, wie sie ihre Sprache verändert haben, folgt dabei bestimmten Mustern. Schon im 19. Jahrhundert haben deshalb Sprachforscher sogenannte Lautgesetze formuliert:

Bei diesen Gesetzen ist es wie mit anderen Gesetzen auch: Sie sind in der einen Weltgegend anders als in anderen. Viele niederländische und englische Wörter haben die gleichen Wurzeln wie die jeweiligen deutschen Begriffe. Doch im Niederländischen und Englischen steht oft noch ein alter Laut, der sich im Deutschen verändert hat: Aus »opan« wurde im Niederländischen und im Englischen nicht »offen«, vielmehr blieb das »p« stehen und es entstand das Wort »open«. Aus »etan« wurde »eat« im Englischen und »eten« im Niederländischen. Und aus dem altsächsischen »makkon« machten die Briten »make« und die Niederländer »maken«. Briten und Niederländer

Lautgesetz	Altsächsisch	Althochdeutsch	Neuhoch-deutsch
»p« wird zu »f«	opan	offan	offen
»t« wird zu »ss«	etan	ezzan	essen
»k« wird zu »ch«	makon	mahhon	machen

haben also einige Sprachveränderungen nicht mitgemacht, für die sich Deutsch-Sprecher entschieden haben. Dafür haben sie andere Änderungen vorgenommen.

Sprachwandel gibt es sogar bei Fantasie-Sprachen. Der Schriftsteller J. R. R. Tolkien hat sich für die Verständigungsformen, die er für seine Romane erfunden hat, auch eine Geschichte ihrer Veränderungen und Verwandtschaftsbeziehungen überlegt. So wie in der wirklichen Welt Französisch, Italienisch oder Spanisch miteinander verwandt sind, weil sie aus dem Lateinischen hervorgegangen sind, hat sich Tolkien auch entsprechende Beziehungen zwischen den Elben-Sprachen Quenya und Sindarin ausgedacht. So heißt »Eis« auf Quenya »helcë« und in Sindarin »heleg« – hervorgegangen aus einer früheren Sprachform, in der das Wort »khelek« hieß. Schnee heißt in der einen Elbensprache »lossë« und in der anderen »los«.

Freiheit für die Laute?

Es ist also vergleichsweise einfach zu beschreiben, was sich alles ändert in den verschiedenen Sprachen der Welt: Aussprache, Grammatik, Wortschatz. Bei der Frage »Warum verändern sich Sprachen?« ist die Antwort weniger leicht. Wie schwierig sie ist, zeigt sich an den ziemlich abstrusen Gedanken, die sehr gelehrte Leute entwickelt haben, als sie darüber nachdachten, weshalb sich Sprachen verändern. So gab es zum Beispiel die Theorie, dass die Deutschen aus den früheren Lauten »p«, »t« und »k« die Laute »f«, »s«, und »ch« machten, weil sie die Freiheit liebten.

Wie bitte? »Machen« statt »make« oder »maken« aus Freiheitsdrang? »Offen« statt »open« aus Sehnsucht nach Unabhängigkeit?

Ja, genau. »Bis in die innersten Laute ihrer Sprache strebten sie vorwärts«, schrieb der Sprachforscher Jacob Grimm im Jahr 1848 über die Deutschen früherer Zeiten. Die Argumentation geht so: »p«, »t« und »k« sind Verschlusslaute, bei denen die Luft gegen eine Barriere prallt. Wenn beide Lippen aufeinanderliegen und den Verschluss plötzlich öffnen, entsteht ein »p«. Beim »t« sind es Zunge und Zähne, die eine Barriere bilden, beim »k« Zunge und Gaumen. Diese Barriere wollten die freiheitsliebenden Sprecher der deutschen Sprache nicht akzeptieren. Deshalb rissen sie sie nieder und ließen beim Sprechen die Luft frei strömen. Heraus kamen »f«, »s« und »ch«. So glaubte es zumindest Jacob Grimm.

Eine besonders beliebte Erklärung für den Sprachwandel lautet: Menschen vereinfachen die Sprache dauernd. Weil es ja bequemer ist, wenn man etwas vereinfacht. Auf den ersten Blick gibt es darauf einige Hinweise, etwa bei der Aussprache. Im Deutschen wird heute gern im Umgangssprachlichen aus »haben« das neue Wort »ham«. Die Spanier haben eine ähnliche Entwicklung schon lange abgeschlossen. Sie machten aus dem Lateinischen »habent« (»sie haben«) das Wort »han«. Aber nicht nur einzelne Buchstaben oder Silben gehen beim Sprechen gerne mal verloren. Vor allem Kinder und Jugendliche zeigen, dass man auch ganz gut zurechtkommt, wenn man sogar komplette Wörter weglässt. »Kann ich den Saft?« oder »Darf ich ein Eis?« sind Sätze, die viele Erwachsene als falsch empfinden, weil das Wörtchen »haben« fehlt. Doch Kinder stören sich nicht an dieser Lücke. Und meistens bekommen sie ja auch ihren Saft oder ihr Eis. Möglicherweise ist es in fünfzig oder hundert Jahren völlig üblich, in solchen Zusammenhängen das Wörtchen »haben« wegzulassen. Dann sagt vielleicht auch die Deutschprofessorin zu einer

Kollegin: »Kann ich bitte noch 'nen Kaffee?«

KANN ICH BITTE NOCH 'NEN KAFFEE?

Als Vereinfachung könnte man es auch betrachten, dass Deutsche, Österreicher und Schweizer derzeit den Genitiv abschaffen. Im Radio ist von »Bränden im Süden von Brasilien« die Rede – und nicht von »Bränden im Süden Brasiliens«. Und wer würde heute noch sagen, »Er ist Vater dreier Kinder«? Üblich wäre eher: »Er ist Vater von drei Kindern.« Da muss man sich Formen wie »dreier« oder »zweier« nicht mehr merken. Ist ja ganz praktisch. Und wer antwortet auf die Frage: »Warum bist du denn nicht schwimmen gegangen?«, mit den Worten »Wegen des Regens«? Wohl kaum jemand. Öfter wird man die Antwort hören: »Wegen dem Regen.« *Der Dativ ist dem Genitiv sein Tod*, so hat es der Autor Bastian Sick schon im Jahr 2004 in einen Buchtitel gefasst.

Auch das deutsche Verbsystem wird derzeit zurückgestutzt. Die sogenannten starken Verben werden fast ausschließlich so gebeugt, wie man es von schwachen Verben kennt. Wenn aus »rauben« in der Vergangenheitsform »raubte« wird, was wird dann aus »schnauben« in der Vergangenheit? »Schnaubte« natürlich. Die Form »schnob«, die es früher durchaus gab, gilt als völlig veraltet. Ebenso wie »frug« statt »fragte« oder »buk« statt »backte«.

Auch der Konjunktiv bei den Verben wird immer seltener in der deutschen Alltagssprache. Martin Luther hat vor gut 500 Jahren in seiner Bibel-Übersetzung an einer Stelle des Lukas-Evangeliums noch immerhin vier Konjunktive in 22 Wörtern untergebracht:

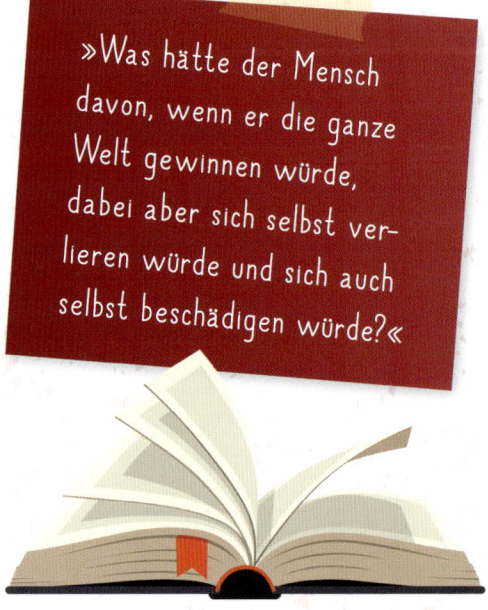

»Denn welchen Nutzen hätte der Mensch, wenn er die ganze Welt gewönne und verlöre sich selbst und nähme Schaden an sich selbst?«

In einer modernisierten Version haben die christlichen Kirchen inzwischen die Konjunktive komplett gestrichen:

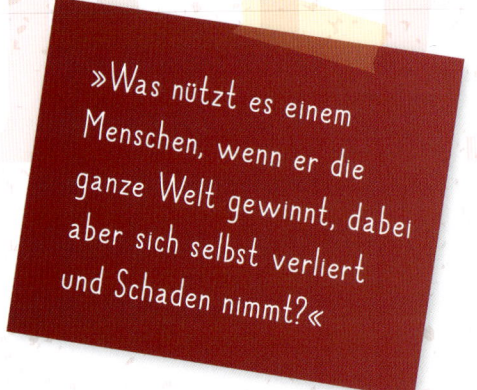

»Was nützt es einem Menschen, wenn er die ganze Welt gewinnt, dabei aber sich selbst verliert und Schaden nimmt?«

Wobei in der Alltagssprache der Konjunktiv gar nicht unbedingt komplett wegfällt. Oft wird durch das Wörtchen »würde« deutlich gemacht, dass etwas möglich ist – aber nicht so sein muss. Das obige Bibelzitat könnte in der Alltagssprache also vielleicht auch so lauten:

»Was hätte der Mensch davon, wenn er die ganze Welt gewinnen würde, dabei aber sich selbst verlieren würde und sich auch selbst beschädigen würde?«

Dass Deutschlehrer bei so einem Satz ein fettes »Wdh.!« an den Rand schreiben würden, weil sie sich an der Wiederholung des Wortes »würden« stören würden, würde ein eigenes Thema sein. Veränderungen der Sprache sind das eine – ob sie alle als schön empfinden, ist etwas anderes.

Die Menschen, die Deutsch sprechen, sind beim Vereinfachen natürlich nicht allein. So haben die Nachfahren der Römer irgendwann aufgehört, mit sechs verschiedenen Fällen herumzudeklinieren. Eine Vermutung könnte lauten: weil es ihnen zu mühsam war. Lateinschüler, die sich heute mit Ablativ oder Vokativ abmühen, können das sicher verstehen.

Tatsache ist jedenfalls: Die Bewohner des zerfallenden Römischen Reichs schafften irgendwann die Fälle ab und ersetzten sie durch Präpositionen. Statt »linguae« (der Genitiv von »lingua« – »Sprache«) sagen die Italiener lieber »della lingua« oder die Spanier »de la lengua« – was beides so viel heißt wie »von die Sprache«. Also heißt »die Schwierigkeit der Sprache« nicht mehr, wie im Lateinischen, »difficultas linguae«, sondern auf Italienisch »la difficoltà della lingua« oder auf Spanisch »la dificultad de la lengua«. Das hat mehr Wörter, man muss sich aber keine Deklinationen merken. Also ist es einfacher. So-

mit scheint die Entwicklung in diese Richtung logisch.

Auch die Briten haben vor einigen Jahrhunderten ihr Deklinationssystem zum größten Teil über Bord geworfen. Das altenglische Wort »scip« für »Schiff« (heute geschrieben: »ship«) hatte nicht nur einen Genitiv (»scipes« – heute: »ship's«), sondern auch einen Dativ (»scipe«), wie im Deutschen »dem Schiff« (oder etwas altertümlich »dem Schiffe«). Heute könnte kein Brite oder Amerikaner mit einem solchen Dativ noch etwas anfangen.

Manches wird auch komplizierter

Der menschliche Drang zur Vereinfachung erklärt aber nicht alles. Das Französische beispielsweise ist voll von Ausdrucksformen, die alles andere als einfach sind. Die Franzosen sagen »aujourd'hui«, wenn sie über »heute« sprechen wollen. Andere Nachfahren der Lateiner kommen mit weit kürzeren Wörtern aus. Die Spanier sagen »hoy«, die Italiener »oggi«, was beides auf das Lateinische »hoc diem« zurückgeht. Die Franzosen jedoch liebten es komplizierter. Sie konstruierten ihr »aujourd'hui« aus »ad diurnum de hoc diem« − was so viel heißt wie »am Tag dieses Tages«.

Auch die Zählweise der Franzosen ist ein Beleg dafür, dass in der Sprachgeschichte nicht immer alles einfacher wird. Manche romanischen Völker haben das Lateinische »octoginta« (achtzig) übernommen und es umgeformt, im Spanischen zu »ochenta«, im Italienischen zu »ottanta«. Aus dem lateinischen »nonaginta« (neunzig) haben Spanier und Italiener die Wörter »noventa« und »novanta« gemacht. Die Franzosen sind einen ganz anderen Weg gegangen. Sie haben angefangen zu multiplizieren und festgelegt: »Achtzig ist so viel wie vier mal zwanzig, also sagen wir quatre-vingt (vierzwanzig)«. Wobei sie dafür die lateinischen Wörter »quattuor« und »viginti« ein bisschen durch die Sprachmangel gedreht haben. Und für neunzig haben die Franzosen noch einen Zehner draufgeschlagen: »quatre-vingt-dix« heißt eigentlich vier-zwanzig-zehn. Als Vereinfachung kann das nicht gelten.

Und eine der hübschesten sprachlichen Veränderungen hat garantiert nichts mit Vereinfachung zu tun: die Metathese. So nennen die Sprachforscher es, wenn Italiener »cocodrillo« sagen und die Spanier »cocodrilo«. Damit meinen sie das Tier, das die alten Römer »crocodilus« nannten und bei dem die Deutschen und Briten das »r« brav an der richtigen Stelle gelassen haben. Im heutigen Spanien und Italien haben die Menschen aber offenbar so lange mit dem »crocodilus« herumgespielt, bis es etwas anders aussah.

Die Jugend als Motor?

Sprache verändert sich also offensichtlich häufig durch spielerisches Ausprobieren. Das legt nach Ansicht mancher Sprachforscher einen Schluss nahe: Es sind vor allem die Kinder, die zum Sprachwandel beitragen. Da gibt es zum Beispiel ein Kindergartenkind, das einen Spielkameraden namens Florian beharrlich als »Froli« anredet. Kinder sprechen so. Sie denken nicht groß darüber nach, dass das, was sie sagen, eigentlich falsch ist. Sie machen sich einfach neue Regeln. Dagegen käme ein Erwachsener wohl kaum auf die Idee, immer wieder eine solche Metathese zu verwenden.

Ähnlich könnte es mit dem »cocodrilo« in Spanien gelaufen sein. Kinder haben die Echse so ausgesprochen, versuchshalber sozusagen. Weil sie Spaß an diesem Sprachspiel hatten. Und sie haben sich damit durchgesetzt. Wenn man überlegt, dass Kinder und Jugendliche in früheren Zeiten den Erwachsenen zahlenmäßig noch weit überlegen waren, könnte das durchaus so gewesen sein: Die »cocodrilo«-Sager waren einfach in der Mehrheit.

In früheren Zeiten sind Eltern und Lehrer vielleicht auch nicht immer eingeschritten, wenn Kinder etwas anders gesagt haben, als es vorher üblich war. Ganz sicher ist: Es gab früher keine Bücher, kein Fernsehen und kein Radio, die ununterbrochen ihre überregionale Einheitsversion davon verbreiteten, wie Sprache auszusehen und zu klingen hat. Und dass die Regeln der verschiedenen Sprachen in Grammatikbüchern oder Wortschatzlisten festgehalten werden, ist eine recht neue Entwicklung. Vor tausend Jahren gab es keinen *Duden*, kein *Oxford Dictionary* und keine *Grammaire de l'Académie française*, in denen heute nachzulesen ist, was die Spielregeln einer Sprache sind und was dagegen verstößt. Es liegt also nahe, dass die Menschen vor der Erfindung des Buchdrucks und der elektronischen Medien Neuerungen eher dauerhaft in die Sprache eingebaut haben als heute. Heute hingegen wird ein Kind fleißig verbessert, wenn es Wörter in einer neuen Form verwendet, die man bis dahin nirgends lesen oder hören konnte.

Neues schafft Gemeinsamkeit

Treibstoff für die Sprachentwicklung

Aber worin besteht nun der Vorteil, mit der Sprache nicht nur herumzuspielen, sondern die spielerischen Neuerungen tatsächlich zu behalten? Einige Sprachwissenschaftler sehen in der spielerischen Veränderung vor allem einen Vorteil: den Zusammenhalt in einer Gruppe. »Wer so spricht wie ich, der gehört zu mir« – dieses Gefühl lieben die Menschen.

Man muss sich nur vorstellen, im Ausland in eine Notsituation zu geraten, um diese Aussage bestätigen zu können. Wer zum Beispiel in Peking überfallen und ausgeraubt worden ist, wird froh sein, wenn er sich in seiner Not an jemanden wenden kann, der Deutsch spricht. Und ganz besonders froh wird er sein, wenn sein Gegenüber den gleichen Dialekt spricht. Ein Schwabe, der sich in Peking von einem Schwaben helfen lassen kann, wird sich unglaublich gut getröstet fühlen. Gleiche Sprache und gleicher Klang schaffen Nähe und Vertrauen.

Früher haben die Menschen genau aus diesem Grund ihre Art zu sprechen verändert und damit neue Dialekte – und schließlich neue Sprachen – entwickelt, glaubt deshalb der britische Wissenschaftler Robin Dunbar. Damit sie erkennen konnten, wer zu ihnen gehörte und wem sie vertrauen konnten.

Dunbars Gedankenkette für diese These verläuft so: Als die Menschen noch in kleinen Siedlungen lebten, waren die Dorfbewohner nicht nur Nachbarn, sondern meist direkt oder indirekt miteinander verwandt. Denn früher ist man nicht weit gereist, um zu heiraten. Man hat sich meist für die Tochter oder den Sohn des Nachbarn oder aus einem Haus einige Straßen weiter entschieden. Im Dorf alter Zeiten waren also die meisten Bewohner einer Region entfernte Cousins, Cousinen, Neffen oder Nichten. Das hieß zugleich: Wer in der Nähe wohnte, gehörte im weitesten Sinne zur Verwandtschaft. Und wer

zur eigenen Sippe gehört, dem sollte man vertrauen können – diese Regel ist so alt wie die Menschheit.

Ob jemand tatsächlich zur Verwandtschaft im weitesten Sinne gehört oder ob er nicht vielleicht doch ein Zugereister ist, kann man jedoch nicht an der Nase oder den Augen sehen. Hören kann man es aber sehr wohl, wenn jemand anders spricht, als man es von den eigenen Leuten erwartet. Deshalb haben sich verschiedene Gruppen verschiedene Sprechweisen zugelegt, meint Dunbar: damit sich erkennen lässt, wer zueinandergehört und wem man deshalb vertrauen kann. Und auch im Gegenzug, wem man nicht so sehr vertrauen sollte: dem, der irgendwie anders spricht als man selbst. Das ging natürlich nur, wenn die Menschen ihre Sprache abgewandelt hatten. Dialekte und Sprachen, die sich aus anderen Dialekten entwickelten, waren also ein Erkennungszeichen: »Ich spreche so wie du, also gehöre ich zu deiner Sippe. Also kannst du mir vertrauen.«

Die Sache kann natürlich auch andersherum gehen: Wer nicht so spricht wie ich, der ist mein Feind. Was in früheren Jahrtausenden mit Leuten geschehen konnte, deren Sprache sie als Fremde verriet, lässt sich in der Bibel nachlesen. Im Alten Testament wird im Buch der Richter von Menschen berichtet, die aus der Region Efraim in die benachbarte Region Gilead flohen. Das Aussehen der beiden Volksgruppen war identisch, auch ihre Sprachen waren ähnlich – bis auf einen Punkt: Die Efraimiter konnten kein »sch« sprechen, sie kannten nur »s«. Wenn geflüchtete Efraimiter sich als Leute aus Gilead ausgaben, erhielten sie deshalb die Aufforderung: »Sag doch einmal Schibbolet!«, heißt es in dem Bibeltext. »Schibbolet« bedeutet so viel wie »Strömung«. Die Bibel berichtet weiter: »Sagte er dann Sibbolet, weil er es nicht richtig aussprechen konnte, ergriffen sie ihn und machten ihn dort an den Furten des Jordan nieder. So fielen damals zweiundvierzigtausend Mann aus Efraim.« Wer sich durch seine Art zu sprechen als Angehöriger einer anderen Gruppe zu erkennen gab, wurde getötet.

Abwechslung macht interessant

Menschen ändern ihre Sprache also, um Gruppen zu bilden. Es gibt aber auch einen anderen Grund, sein Reden und Schreiben immer mal zu verändern: Neues ist interessant. Wer möchte, dass man ihm zuhört, oder wer will, dass die Texte, die er schreibt, gelesen werden, sollte sich immer mal wieder etwas Neues einfallen lassen. Guter Stil beim Sprechen und Schreiben ist ein Stil, der immer wieder Überraschungen enthält – das lehren Dichter und Schriftsteller schon seit Jahrtausenden. Da wundert es nicht, wenn Wörter Stück für Stück im alltäglichen Sprachgebrauch ihre Bedeutung verändern und sich neue Wörter einbürgern.

Besonders wichtig, nicht langweilig zu sein, ist es für Firmen, die mit Worten für sich werben wollen. Dabei kommt dann auch mal eine Wortkombination wie diese heraus: »hamma alles!« – »hamma günstig!«

Was es damit auf sich hat, erklärte die Handelskette Lidl beim Start der entsprechenden Werbekampagne im Jahr 2018 so:

»Sprachlich spielt Lidl damit, dass sowohl ›haben wir‹ als auch

Kreative Werbung – oder doch ein bisschen peinlich?

›Hammer‹ umgangssprachlich oft zu ›hamma‹ verkürzt wird. Diesen doppeldeutigen Wortsinn nutzt Lidl geschickt in seinen Botschaften und spiegelt mit ›hamma alles!‹ die Breite des Sortiments wieder, während ›hamma günstig!‹ für die günstigen Preise bei bestmöglicher Qualität steht.«

An alle, die jetzt denken: »Da ist ein Rechtschreibfehler drin, das muss »wider« heißen, denn »widerspiegeln« ist etwas anderes als »wieder spiegeln«: Ja. Da ist ein Rechtschreibfehler drin. Aber so hat es Lidl veröffentlicht.

Orthographie, Orthografie, Ortografie, Ortografi, ortografi

Es ist kein Zufall, dass die – sicher gut bezahlte – Werbeagentur der Handelskette Lidl beim Wort »widerspiegeln« Probleme mit der Rechtschreibung hat. Denn bis ins 18. Jahrhundert gab es in deutschen Texten keinen Unterschied zwischen »wider« im Sinn von »gegen« und »wieder« im Sinn von »noch einmal, zurück«. Beide Wörter wurden und werden völlig gleich ausgesprochen. Es wäre wider die Vernunft, »wieder« anders klingen zu lassen als »wider«. Den schriftlichen Unterschied haben sich Gelehrte vor rund 300 Jahren einfallen lassen, um bei Wörtern mit gleichem Klang unterschiedliche Bedeutungen deutlich machen zu können.

An diesem Beispiel zeigt sich: Die Sache mit dem Sprachwandel wird besonders knifflig, wenn es nicht nur um die Frage geht: »Wie sprechen wir?«, sondern um die Frage: »Wie schreiben wir?« Das haben in früheren Jahrhunderten nur einige wenige Leute unter sich ausgemacht, denn Lesen und Schreiben war bis vor gar nicht langer Zeit eine Spezialfähigkeit eines kleinen Teils der Bevölkerung. Als sich Bücher weiter verbreiteten, haben sich in vielen Ländern Gelehrte zusammengesetzt und festgelegt: »So schreiben wir jetzt!« In Ländern wie Spanien und Italien war dabei die wichtigste Frage: »Wie sprechen wir das Wort denn aus? Und wie sollten wir ein Wort aufschreiben, damit man erkennt, wie es ausgesprochen wird?« Deswegen ist die Schriftsprache im Italienischen und im Spanischen heute mit vergleichsweise einfachen Rechtschreibregeln gesegnet. In Italien sagt man beispielsweise nicht nur »tradizione«, man schreibt auch »tradizione«, und man sagt nicht nur »filosofia«, man schreibt es auch so.

Diejenigen, die in Deutschland vor einigen Jahrhunderten die Rechtschreibregeln festgelegt haben, wollten hingegen zeigen, dass die Tradition auf das lateinische Wort »traditio« zurückgeht. Deswegen haben sie sich dagegen entschieden, über die Tradizion zu schreiben oder gar über die Traditsion. Und es war ihnen wichtig, dass die Philosophie eine ganz besondere Herkunft hat, nämlich aus dem antiken Griechenland. Um den Buchstaben angemessen wiederzugeben, der in der griechischen Schrift so aussieht: Φ, und der im Deutschen »Phi« genannt wird, haben die Rechtschreibregelmacher früherer Zeiten festgelegt: Es muss »Philosophie« heißen, auch wenn es »Filosofie« klingt.

An anderer Stelle stand in früheren Versionen der deutschen Rechtschreibung der Klang im Mittelpunkt. So lief bis ins späte 19. Jahrhundert das Thier durchs Thor ins Thal hinab. Das »h«, das hier früher geschrieben wurde, ist ein Laut, den man durchaus erlauschen kann, wenn man genau hinhört. Aber es ist überflüssig, dieses »h« zu schreiben, entschieden im Jahr 1901 diejenigen, die im *Duden* die Rechtschreibregeln festlegten. Bei Wörtern, die aus anderen Sprachen ins Deutsche eingewandert sind, und bei alten germanischen Wörtern blieb das »h« aber erhalten: beim Thron (der seine sprachlichen Wurzeln in Griechenland hat) ebenso wie beim germanischen Gott Thor, der im Marvel-Universum in den vergangenen Jahren eine neue Heimat gefunden hat.

Hoffnungsloses Unterfangen

Logik und Konsequenz in die deutsche Rechtschreibung zu bringen, ist seit Jahrhunderten das Ziel derjenigen, die die Schreibregeln festlegen. Aber sie haben oft völlig unterschiedliche Auffassungen darüber, was logisch und was konsequent ist. So wurde zwar aus dem Photographen inzwischen ein Fotograf, aber die Philosophie bleibt die Philosophie. Der Fachbegriff für die Rechtschreibung selbst lautete lange Zeit nur und ausschließlich: Orthographie. Dann wurde mit der Rechtschreibreform von 1996 auch Orthografie als Schreibweise erlaubt. Warum das ans Griechische erinnernde »ph« durch ein »f« ersetzt wurde, das ebenfalls ans Griechische erinnernde »th« aber nicht zum »t« werden konnte, verstehen nur Leute, die die Feinheiten der deutschen Rechtschreibung wirklich lieben. Wobei die Argumente der verschiedenen Lager beim Thema Rechtschreibung immer wieder nicht nach Liebe, sondern eher nach Verachtung und Hass klingen. Da bezeichnen Leute, die an alten Schreibweisen festhalten wollen, Rechtschreibreformer als »Idioten«. Die Bewahrer alter Schreibweisen müssen sich im Gegenzug anhören, sie seien »Schwachköpfe«.

Ein Fall für den Computer

Die Rechtschreibreformen der vergangenen Jahrzehnte sollten denen, die etwas auf Deutsch schreiben, das Leben leichter machen. Das ist aber nur zum Teil gelungen. Selbst Profischreiber, wie etwa Journalisten, kommen immer wieder ins Grübeln. Und sie sind meist heilfroh, dass sie beim Schreiben am Computer genauso wie beim Diktieren ins Smartphone Unterstützung von Rechtschreibprogrammen bekommen. Blöd nur, dass das Papier, auf dem Schüler ihre mit der Hand geschriebenen Arbeiten abliefern, keine Autokorrektur hat. Und falls ein Schüler seine Rechtschreibzweifel doch übers Smartphone klärt und er erwischt wird, könnte es ihm Leid tun. Oder könnte es ihm leidtun? Oder könnte es ihm leid tun?

Es gibt Autokorrektur-Programme, die an diesem Beispiel einer Rechtschreibfalle scheitern. Das ist auch kein Wunder. Bis 1996 war »leid tun« richtig, dann war zehn Jahre lang »Leid tun« die empfohlene Rechtschreibung, seit 2006 ist nunmehr »leidtun« korrekt. Das soll sich mahl jemand märken. Aber wir verstehen ja alles, auch wenn es nicht ganz richtig geschrieben ist, oder? Oder verstehen wir nicht dauernd Dinge falsch – geschriebene wie gesprochene?

Wie leicht es passieren kann, dass wir uns falsch verstehen – und warum es magisch ist, dass wir trotzdem meist wissen, was gemeint ist.

Es dürfte dem Dolmetscher, der im Jahr 2005 ein Interview mit dem *Star Wars*-Erfinder George Lucas aus dem Englischen ins Deutsche übertrug, auch mehr als 15 Jahre danach noch entsetzlich peinlich sein. Als der amerikanische Science-Fiction-Autor und Regisseur in einem Interview gebeten wurde, den wichtigsten Satz aus *Star Wars* zu sagen, antwortete Lucas: »May the force be with you.« Der Dolmetscher kannte aber offenbar den Gruß der Jedi nicht – auf Deutsch: »Möge die Macht mit dir sein.« Aus dem Lautsprecher war deswegen als deutsche Übertragung zu hören: »Am 4. Mai sind wir bei Ihnen.« Offensichtlich hatte der Dolmetscher »May the fourth« gehört – was »4. Mai« bedeutet. Also hat er dieses Datum genommen und das »be with you« bei der Übersetzung irgendwie passend gemacht.

Dass er nicht im *Star Wars*-Universum zu Hause war, hatte der Dolmetscher allerdings schon kurz zuvor im selben Interview gezeigt. George Lucas hatte nämlich auf die Frage nach dem wichtigsten Satz aus *Star Wars* zunächst geantwortet: »Do or do not. There is no try!« Das sagt Yoda zu Luke Skywalker, als er anfängt, ihn zu unterrichten. In der deutschen Synchronfassung wird Yodas Anweisung übersetzt mit: »Tu es. Oder tu es nicht. Es gibt kein Versuchen!« Der Dolmetscher hingegen bot als Übersetzung an: »Trial oder Error, ist das möglich?«

Am *Star Wars*-Tag« am 4. Mai feiern viele Fans die Sci-Fi-Saga – hier im irischen Städtchen Portmagee.

Wobei die Idee, »May the force ...« und »May the fourth« zu vermischen, schon seit einigen Jahren *Star Wars*-Fans dazu bringt, den 4. Mai zu einer Art Feiertag zu machen. Auf der ganzen Welt gibt es entsprechende Partys.

Zigtausende Tote durch ein Missverständnis?

Missverständnisse und Übersetzungsfehler können erheiternd sein. Sie können aber auch katastrophale Folgen haben. Wenn Ärzte und Pflegepersonal auf der Intensivstation eines Krankenhauses einander falsch verstehen, können Patienten sterben. Und es gibt Berichte über ein Missverständnis, das möglicherweise zum Tod von Zigtausenden Menschen beigetragen hat.

Im Juli 1945 war im Zweiten Weltkrieg Deutschland bereits besiegt, die USA kämpften aber noch gegen Japan. Die Amerikaner kündigten der japanischen Regierung an, sie würden unerbittlich gegen das Land vorgehen, wenn es nicht kapituliere. Gemeint war der Abwurf von Atombomben – erstmals in der Menschheitsgeschichte.

Als der japanische Ministerpräsident von Reportern gefragt wurde, wie Japans Regierung auf diese Drohung reagieren werde, verwendete der Politiker in seiner Antwort das japanische Wort »mokusatsu«. Das könnte man übersetzen mit »kein Kommentar«. Es lässt sich auch übersetzen mit »wir schweigen dazu, während wir nachdenken«. Aber man kann es auch übersetzen mit: »Eine Antwort darauf lehnen wir ab.« Es war diese Übersetzung, die in den USA ankam. Die Amerikaner verstanden die Antwort so: Japan ist der Ansicht, das Ultimatum sei keine Antwort wert. Kurz darauf zerstörte die US-Armee die japanischen Städte Hiroshima und Nagasaki. Zigtausende Menschen starben.

Die Geschichte über die Übersetzung von »mokusatsu« wird immer wieder als entsetzliches Beispiel für die Folgen eines Missverständnisses erzählt. Ob das Ende des Zweiten Weltkriegs anders verlaufen wäre, wenn die Worte des japanischen Premierministers übersetzt worden wären mit »Wir brauchen Bedenkzeit«, wissen wir heute nicht. Aber eines lehrt die Geschichte auf jeden Fall: Es wäre besser gewesen, wenn sich beide Seiten intensiver bemüht hätten, einander klarzumachen, was sie jeweils meinten.

Rötliche Hirten und weiße Neger

Bevor man über Übersetzungspannen und Missverständnisse den Kopf schüttelt, sollte man aber erst mal überlegen, was man selbst in seinem Leben womöglich schon alles falsch verstanden hat. Da gibt es das Mädchen, das viele Jahre lang an Heiligabend beim Weihnachtslied »Ihr Kinderlein kommet« mitschmetterte: »Die rötlichen Hirten knien betend davor.« Bis das Mädchen irgendwann merkte, dass es die redlichen Hirten sind, die vor der Krippe knien, in der das Jesuskind liegt. Aber wer verwendet denn schon ein Wort wie »redlich«?

Der Buchautor Axel Hacke hat ein ganzes Buch darüber geschrieben, wie es ist, wenn man über Jahre hinweg etwas falsch versteht. Zum Beispiel, wenn eine Mutter ihrem Kind zum Einschlafen das Lied »Der Mond ist aufgegangen« vorsingt. Darin heißt es am Ende der ersten Strophe: »Und aus den Wiesen steiget der weiße Nebel wunderbar.« Es kann aber passieren, dass das Kind von klein auf versteht: »Und aus den Wiesen steiget der weiße Neger Wumbaba.« Ein Afrikaner, der überraschenderweise weiße Haut hat, steigt aus dem Gras der Wiesen – das ist ein einprägsames Bild. Und wurde zu einem Buchtitel. (Ob es in Ordnung ist, das Wort »Neger« zu verwenden, darüber gibt es im Kapitel 11 ein paar Gedanken ...)

Manchmal verstehen Menschen auch einfach das, was sie gerne verstehen möchten. Wie etwa die Großmutter, die selig lächelt, als ihr Enkel die Frage beantwortet, was er denn jetzt studiert. »Das freut mich wirklich!«, sagt sie als Witwe eines evangelischen Pfarrers. »Das ist so ein schöner Beruf. Ich habe acht Enkel und jetzt endlich studiert einer von euch ...« – bis der Enkel sie unterbricht: »Geologie, Oma! Ich studiere Geologie, nicht Theologie.« Da verfinstert sich das Gesicht der Pfarrerswitwe.

Wortakrobatik

Eine »hochakrobatische Leistung« sei es, zu verstehen, was andere sagen wollen, meint der Kommunikationswissenschaftler Friedemann Schulz von Thun. Und er schließt daraus: »Deswegen sind Missverständnisse normal.« In den meisten Fällen lässt sich das Missverständnis aber aufklären, ohne dass jemand zu Schaden kommt. Wenn an einem unerträglich

heißen Sommertag ein Kunde im Getränkeladen fragt, ob er kaltes Wasser haben könne, dann kann es schon mal vorkommen, dass der Verkäufer völlig verständnislos fragt: »Altes Wasser? Sie wollen altes Wasser?« Dass jemand alten Wein sucht, das kennt der Verkäufer, denn der soll manchmal besonders gut sein. Aber altes Wasser? So ein Missverständnis lässt sich leicht ausräumen. Wenn jemand tatsächlich etwas falsch ausspricht und es nicht der Angesprochene ist, der sich verhört, dann erledigen sich Fehler oft von selbst. Wenn jemand unsauber spricht und sagt: »Ich habe am 22. Sektember Geburtstag«, wird er nicht die Gegenfrage hören: »Sektember? Ist das ein Monat, den ich noch nicht kenne? In dem vielleicht besonders viel Sekt getrunken wird?« Wenn jemand »Sektember« sagt, wird der Angesprochene den Fehler in seinem Kopf meist unbewusst korrigieren und es wird im Sprachzentrum seines Gehirns »September« ankommen.

Und wenn ein Mädchen immer wieder sagt, es habe einen Termin beim Kiefern-Orthopäden, dann wissen alle: Das ist kein Arzt, der sich spezialisiert hat, einer bestimmten Baumart zu helfen, dass sie in die richtige Richtung wächst – nämlich den Kiefern. Vielmehr kümmert sich dieser Zahnarzt, wie alle Kieferorthopäden, um das Gebiss von Menschen. Er sorgt für die richtige Richtung der Zähne seiner Patienten.

Das ist nicht, wonach es klingt

Der Kieferorthopäde hat also nichts mit dem Kiefernwald zu tun. Aber wenn es darum geht, richtig zu verstehen, was mit was zu tun hat, gibt es auch Pannen, die nach einiger Zeit gar nicht mehr als Pannen auffallen. So hat zum Beispiel die Hängematte nichts mit einer Matte zu tun, die irgendwo hängt (etwa zwischen zwei Kiefern). Vielmehr ist die Hängematte ein schönes Beispiel für das,

was Sprachwissenschaftler »Volksetymologie« nennen. Etymologie ist die Forschungsrichtung der Sprachwissenschaft, die sich mit der Herkunft von Wörtern beschäftigt. Wenn das Volk ganz unwissenschaftlich für die Herkunft eines Wortes eine Erklärung sucht, ist das dann eben eine Volksetymologie.

Das heißt, die Menschen legen sich eine Herkunft für ein Wort zurecht, die in dem Wort gar nicht steckt. So hat die Hängematte ihre Wurzeln nämlich in dem Wort »hamáka«. Damit bezeichneten amerikanische Ureinwohner ihre Schlafgelegenheiten, als die Spanier vor rund 500 Jahren in der Neuen Welt ankamen. Die Spanier sprechen heute noch von einer »hamaca«. Die Holländer aber machten daraus »hangmat«, was in ihrer Sprache nach einer hängenden Matte klingt. Und die Deutschen machten daraus das deutsche Wort Hängematte.

Auch die Armbrust hat weder mit dem Arm noch mit der Brust etwas zu tun. Vielmehr geht das deutsche Wort für diese altertümliche Waffe auf den lateinischen Begriff »arcuballista« zurück. Darin haben die alten Römer das Wort »arcus« für »Bogen« und »ballista« für »Wurfmaschine« zusammengefasst. Über die Jahrhunderte hinweg wurde im deutschen Sprachraum daraus durch diverse Umwandlungen die Armbrust.

Falsche Freunde

Der Gedanke »Das klingt doch wie ...« ist besonders tückisch, wenn es um Übersetzungen geht. Das englische »house« ist im Deutschen ein Haus, die englische »mouse« eine Maus. Dann wird »become« ja wohl »be-kommen« heißen und eine »billion« wird doch wohl eine »Billion« sein. Falsch – das wissen die meisten, die Englisch lernen, ziemlich bald. »Falsche Freunde« heißen solche Wortpaare unter Übersetzern. Aber es sind manchmal nicht nur Paare aus zwei Sprachen. »Falsche Freundschaften« gibt es mitunter auch über eine ganze Vielfalt von Sprachen hinweg. Ein Beispiel ist »sale«:

Sprache	Wortart	Bedeutung auf Deutsch	Beispielsatz	Übersetzung
Englisch	Substantiv	Verkauf, Schlussverkauf	We start our **sale** next week.	Wir beginnen unseren Schlussverkauf nächste Woche.
Italienisch	Substantiv	Salz	Dammi il **sale**.	Gib mir das Salz.
Italienisch	Dritte Person Singular des Verbs »salire«	er/sie/es steigt nach oben	La mia anima **sale** in paradiso.	Meine Seele steigt hoch ins Paradies.
Spanisch	Dritte Person Singular des Verbs »salir«	er/sie/es geht fort	El tren **sale** a la una.	Der Zug fährt um eins.
Französisch	Adjektiv	schmutzig	C'est trop **sale**.	Das ist zu schmutzig.

Mit »falschen Freunden« lassen sich lange Listen erstellen. Sie führen einem vor Augen, wie leicht man in ein Missverständnis rutschen kann, wenn man glaubt, ein Wort einer anderen Sprache zu verstehen.

Falscher Freund	Naheliegende deutsche Bedeutung	Bedeutet tatsächlich aber (meistens)	Naheliegendes deutsches Wort wird übersetzt mit
art (engl.)	Art	Kunst	kind
backside (engl.)	Rückseite	Hintern	back
billion (engl.)	Billion	Milliarde	trillion
blitz (engl.)	Blitz	Blitzkrieg	lightning, flash
bombero (span.)	Bomber	Feuerwehrmann	bombardero
brutaal (holländ.)	brutal	frech	bruut
caldo (ital.)	kalt	warm, heiß	freddo
cazzo (ital.)	Katze, Kater	Scheiße! Drecks... (eigentlich: männliches Glied)	gatto
closet (engl.)	Klo (Klosett)	Wandschrank	toilet, bathroom
cozze (ital.)	Kotze, Erbrochenes	Miesmuscheln	vomito
deftig (holländ.)	deftig	vornehm	stevig
fabric (engl.)	Fabrik	Gewebe, Stoff	factory

Falscher Freund	Naheliegende deutsche Bedeutung	Bedeutet tatsächlich aber (meistens)	Naheliegendes deutsches Wort wird übersetzt mit
gift (engl.)	Gift	Geschenk	poison
gymnasium (engl.)	Gymnasium	Turnhalle	grammar school/ high school
irritar (span.)	irritieren, verwirren	ärgern	desconcertar
kleinkind (holländ.)	Kleinkind	Enkelkind	kleuter, peuter
öl (schwed.)	Öl	Bier	olja
overhear (engl.)	überhören	zufällig hören	miss, ignore
régisseur (franz.)	Regisseur	Gutsverwalter, Inspektor	metteur en scène, réalisateur
silicon (engl.)	Silikon	Silizium	silicone, poly- siloxane
spender (engl.)	Spender	Prasser	donor
spleen (engl.)	Spleen	schlechte Laune	quirk
stool (engl.)	Stuhl	Hocker	chair
strand (engl.)	Strand	Faser	beach
undertaker (engl.)	Unternehmer	Bestatter	entrepreneur
visage (franz.)	Visage	Gesicht	gueule
zee (holländ.)	See	Meer	meer

Ohrfeige möglich

Wenn man den englischen »undertaker« mit dem deutschen Unternehmer verwechselt, wird meistens nichts Schlimmes passieren. Im schlimmsten Fall gibt es verwirrte Blicke, vielleicht Gelächter. Die Verwechslung des italienischen »cazzo« mit der deutschen »Katze« kann hingegen schon echt peinlich werden. Und wer glaubt, er könne im Französischen elegant mit dem Wort

»baiser« umgehen, weil das ja bekanntlich so viel heißt wie »Kuss«, der sollte wirklich vorsichtig sein. Denn das Verb »baiser« hat im Französischen weniger mit Küssen zu tun. Vielmehr geht es um einen Kontakt zwischen Mann und Frau, nach dem die Frau schwanger sein kann. »Baise-moi« heißt im Französischen also nicht: »Küss mich!«, sondern etwas ganz, ganz anderes. Was wiederum jemand, der vielleicht mal in einem spanischen Lied »bésame« gehört hat, gar nicht glauben kann. Denn das heißt tatsächlich einfach nur: »Küss mich!«

Aber auch innerhalb einer Sprache kann ein Wort ganz anders ver-standen werden, als es der Sprechende meint. Da gibt es etwa dieses Beispiel: Ein Arzt redet mit einer Schwangeren, die sich Sorgen macht, dass ihr Kind vielleicht behindert ist. Mit ernstem Blick sagt er: »Der Befund ist positiv.« Die Frau freut sich. Denn das aus dem Lateinischen stammende Wort »positiv« heißt ja auf Deutsch »gut«, denkt sie. Doch in der Ärztesprache bedeutet »positiv«, dass etwas gefunden wurde – in diesem Fall ein Hinweis darauf, dass das Kind mit einer Behinderung auf die Welt kommen wird. Was in der Folge also eher negativ ist.

Falsche Freunde ohne Worte

Es müssen aber nicht immer Worte sein, die falsch verstanden werden. Auf der ganzen Welt kommunizieren Menschen auch, indem sie mit den Fingern, den Händen oder dem Kopf bestimmte Bewegungen oder Gesten machen. In den Emoji-Listen, die sich in allen gängigen Chat-Apps finden, sind viele dieser Gesten zu sehen – als ob sie ganz eindeutig etwas Bestimmtes ausdrücken würden. Viele Gesten werden allerdings von verschiedenen Menschen in verschiedenen Teilen der Welt unter-

schiedlich verstanden. So ist es für viele eine klare Sache: Wenn etwas optimal oder echt okay ist, dann formen sie mit dem Zeigefinger und dem Daumen einen Kreis. Auch in der Zeichensprache der Taucher, die ja unter Wasser meist nicht miteinander reden können, steht diese Geste für »Alles in Ordnung!«.

Im antiken Griechenland hatte der Zeigefinger-Daumen-Kreis jedoch eine andere Bedeutung: Er stand für Liebe. Die Berührung der beiden Finger wurde dort gleichgesetzt mit der Berührung der Lippen zweier Menschen, die sich küssen.

In einigen Gegenden, in denen Französisch gesprochen wird, sehen die Menschen in der Daumen-Zeigefinger-Geste noch etwas anderes: eine Null. Und das bedeutet diese Geste dort auch: Du bist eine Null. Oder: Das ist kompletter Schwachsinn.

Und wenn jemand Daumen und Zeigefinger zu einem Ring formt und die Hand auf und ab bewegt, dann wird das auf der ganzen Welt oft auf eine ganz spezielle Weise verstanden, nämlich als symbolische Darstellung der sexuellen Selbstbefriedigung eines Mannes ...

Heavy Metal oder Universität?

Eine andere Geste, die – je nach Zusammenhang – ganz Unterschiedliches bedeuten kann, formen Menschen auf der ganzen Welt, indem sie eine Faust ballen und dabei den Zeigefinger und den kleinen Finger abspreizen.

Auf Heavy-Metal-Konzerten oder anderen Musik-Events ist die Satansfaust ein Zeichen, mit dem sich die Fans gegenseitig versichern: »Wir sind teuflisch hart bei der Sache.« Schon lange bevor es Musikfestivals gab, hatte diese Geste aber eine ganz andere Bedeutung: Sie war eine wortlose Beleidigung, mit der ein Mann gerne mal einem anderen zeigte: »Deine Frau betrügt dich!« Auf Italienisch heißt diese Geste »le corna«, auf Deutsch: »Hörner«. Warum das Symbol etwas mit Ehebruch oder Treuebruch zu tun hat, dazu gibt es verschiedene Deutungen. Eine Erklärung lautet, die beiden Finger seien Symbole für männliche Penisse – von denen dann eben nicht nur einer im Spiel ist, sondern zwei. In einer anderen Deutung behandelt die Frau, die fremdgeht, ihren Mann wie einen kastrierten Ochsen. Wie ein Rindvieh. Im Deutschen wird ein Mann, dessen Frau ihn hintergeht, auch als »Gehörnter« bezeichnet.

In den USA kann die Zwei-Finger-Faust noch eine ganz andere Bedeutung haben. Das Sportler-Team der University of Texas hat bei seinen Fans den Namen *Longhorns*, so heißt auch eine in Texas verbreitete Rinderrasse. Im Zusammenhang mit Texas oder einem Sport-Event kann die Zwei-Finger-Faust also heißen: »Ich bin ein Longhorn-Fan!«

Die Tochter des früheren US-Präsidenten George W. Bush zeigt bei einem offiziellen Anlass, dass sie ein Fan der Football-Mannschaft *Longhorns* ist.

Vor allem in den USA kann die Hand mit ausgestrecktem kleinem Finger und Zeigefinger aber auch noch auf andere Weise zu einem Missverständnis führen. Wenn der Daumen nicht eingeknickt ist, sondern nach außen gespreizt wird, ist keine Heavy-Metal-Hand zu sehen und auch keine Corna-Hand, sondern eine I-Love-You-Hand. Denn in der amerikanischen Gebärdensprache steht der ausgestreckte kleine Finger für den Buchstaben »I«, der Zeigefinger und der Daumen zusammen für das »L« und der kleine Finger und der Daumen zusammen fürs »Y«. Alle gemeinsam sind deswegen in der amerikanischen Gebärdensprache als ILY-Geste bekannt – was die Anfangsbuchstaben von »I love you« (Ich liebe dich) sind.

Und was bedeutet es, wenn eine Grundschullehrerin vor ihrer Klasse steht, die Hand nach vorne streckt und dabei Zeigefinger und kleinen Finger abspreizt? Dann hat sie irgendwo gehört, dass man darin auch einen »Schweigefuchs« oder »Leisefuchs« sehen kann, der die Schülerinnen und Schüler zum Verstummen bringen soll. Vorher muss den Schülern allerdings erst mal erklärt werden, dass das keine Heavy-Metal-Hörner und auch keine Deine-Frau-geht-fremd-Hörner sind. Sondern eben – pssst! – der Schweigefuchs.

Solche Missverständnisse lassen sich noch restlos aufklären. Oft ist der Moment, in dem das Missverständnis aufgeklärt wird, ziemlich lustig. Heikel hingegen wird es manchmal, wenn der eine glaubt, der andere meint etwas, was dieser aber gar nicht so gemeint hat.

Das alltägliche Missverständnis

Stellen wir uns folgende Situation vor: Die 15-jährige Maria hat sich eine Eismaschine gewünscht und auch bekommen. Sie möchte ihre Eltern mit einer besonderen Sorte überraschen: Basilikumeis. Das Gespräch verläuft so:

Maria: Überraschung! Ich hab für euch Eis gemacht!
Vater: Was ist denn das Grüne da drin?
Maria: Basilikum. Da hab ich ein ganz neues Rezept gefunden!
Vater: Ich wusste gar nicht, dass man mit Basilikum Eis machen kann.
Mutter: Und ist von meinem Basilikum noch was übrig geblieben?
Maria: Das war das letzte Mal, dass ich für euch Eis gemacht hab!

Maria stampft mit Tränen in den Augen aus dem Zimmer.

Wie es aussieht, hat sich innerhalb weniger Sekunden ein mittelschweres Kommunikationsunglück ereignet. Eines von Millionen Kommunikationsunglücken und Missverständnissen, mit denen sich die Menschen jeden Tag auf der ganzen Welt das Leben schwer machen. Was ist bei Maria und ihren Eltern passiert?

Man kann ein Analyse-Raster des Kommunikationswissenschaftlers Friedemann Schulz von Thun über das kleine Gespräch legen. Schulz von Thun ist der Ansicht: Alles, was wir sagen oder hören, hat vier Seiten. Er nennt diese vier Seiten: Sachinformation – Selbstkundgabe – Beziehungshinweis – Appell. Das heißt: Immer, wenn jemand etwas sagt, redet er nicht nur über eine bestimmte Sache (das ist die Sachinformation), sondern er erzählt auch etwas von sich selbst (das ist die Selbstkundgabe). Er zeigt aber auch, wie er zu der Person steht, mit der er redet (das ist der Beziehungshinweis). Und zu guter Letzt richtet er oft eine Aufforderung an den anderen (das ist der Appell).

Das Gleiche passiert auch in der Gegenrichtung: Wer etwas hört, nimmt eine bestimmte Information wahr – und zwar auf seine ganz eigene Weise. Die Art und Weise, wie er diese Information auffasst, hat mit ihm selbst zu tun und mit der Beziehung, in der er zu seinem Gesprächspartner steht. Und er hört oftmals eine bestimmte Aufforderung aus dem heraus, was der andere sagt – oder auch nicht.

Aus der Sicht von Maria würde das, was sie von ihrem Vater empfängt, so aussehen:

Sachinformation:
    Papa kennt kein Basilikumeis.
Selbstkundgabe:
    Es schmeckt ihm nicht.
Beziehungshinweis zum Empfänger:
    Dieses Eis-Experiment hättest du besser sein lassen!
Appell:
    Bitte keine Eis-Experimente mehr!

Und was sie von ihrer Mutter empfängt, sieht aus Marias Sicht so aus:

Sachinformation:
    Mama fragt nach ihrem Basilikumtopf.
Selbstkundgabe:
    Sie interessiert sich nicht für das Eis, sondern nur für ihre Küchenkräuter.
Beziehungshinweis zum Empfänger:
    Du hast meine Küchenkräuter abgeerntet, egoistische Tochter!
Appell:
    Finger weg von meinen Küchenkräutern!

Gemeint hat Marias Mutter es aber so:

Sachinformation:
    Ich will wissen, ob noch genug Basilikum für den Tomatensalat übrig ist, den ich heute Abend machen möchte.
Selbstkundgabe:
    Ich will eine Frage beantwortet haben.
Beziehungshinweis zum Empfänger:
    Wenn wir beide etwas in der Küche machen, sollten wir uns absprechen.
Appell:
    Sag mir das, was ich im Moment noch nicht weiß.

Und Marias Vater hat das, was er gesagt hat, so gemeint:

> Sachinformation:
> Ich kenne kein Basilikumeis.
> Selbstkundgabe:
> Ich habe das noch nie gegessen.
> Beziehungshinweis zum Empfänger:
> Ich finde dich ganz schön
> experimentierfreudig.
> Appell:
> Lass mich mal überlegen,
> wie ich das finde.

Kommunikations-katastrophen-schutz

Kommunikationspsychologen wie Friedemann Schulz von Thun stellen fest: In allem, was wir sagen oder schreiben, steckt fast immer mehr, als uns bewusst ist. Wenn Menschen kommunizieren, ist das etwas grundlegend anderes, als wenn Daten zwischen zwei Computern oder Smartphones ausgetauscht werden. Wer eine Datei verschickt oder teilt, kann davon ausgehen, dass sie meistens völlig identisch beim Empfänger ankommt. Sprachliche Kommunikation ist dagegen ganz anders: Sie enthält Unschärfen, Abtönungen, Vieldeutigkeiten. In ihr lauern jede Menge Gelegenheiten für Missverständnisse.

Meistens schaffen wir es, diese Missverständnisse zu vermeiden, auch ohne dass wir uns Ratschläge von Experten einholen müssen. Schließlich haben sich Menschen schon verständigt, lange bevor es Psychologen und Kommunikationswissenschaftler gab. Aber so lange, wie es gelingende Kommunikation unter Menschen gibt, so lange gibt es auch Kommunikationskatastrophen. Von Fachleuten kann man einen Ratschlag hören, wie sich solche Katastrophen bekämpfen lassen. Ein Tipp, auf den zwar jeder selbst kommen könnte, der vielleicht aber trotzdem ganz hilfreich ist: Einfach immer mal wieder nachfragen. Und darüber reden, wer was wie meint. Von »Meta-Kommunikation« sprechen die Wissenschaftler. Den Begriff muss man sich aber nicht unbedingt merken, wenn man sich um Kommunikationskatastrophenschutz bemühen möchte. Man kann einfach übers Reden reden, statt wortlos sauer zu sein.

Wobei es manchmal auch sein kann, dass Menschen gar nicht in Missverständnissen hängen, die sich auflösen lassen. Manchmal sehen Menschen die Welt verschieden – und sprechen deswegen verschieden über die Welt.

MIT WÖRTERN SEHEN

Prägt unsere Sprache unseren Blick auf die Welt?

Können wir denken ohne Worte? Empfinden Menschen, in deren Sprache die Worte »gestern« und »morgen« nicht existieren, Vergangenheit und Zukunft anders als Menschen, in deren Sprache es diese Worte gibt? Sehen Menschen Farben anders, wenn sie mehr Worte für verschiedene Farben haben? Über solche Fragen zermartern sich Wissenschaftler schon seit Jahrzehnten und Jahrhunderten die Köpfe. Auf die Frage, ob die Magie der Sprache von Land zu Land und von Mensch zu Mensch unterschiedlich wirkt, haben sie dabei lange Zeit Antworten mehr oder weniger aus dem Bauch heraus gegeben. Seit einiger Zeit aber untersuchen Forscher solche Fragen mit genauen Studien und auch mit Experimenten. Sie erforschen damit Behauptungen und Vermutungen, die man immer wieder hören kann. Wie etwa die, dass Bewohner der Arktis verschiedene Arten von Schnee ganz anders unterscheiden könnten als andere Menschen und deswegen 50 verschiedene Wörter für unterschiedliche Eiskristallbildungen hätten.

Vor allem ein Mann hat wesentlich dazu beitragen, dass sich Behauptungen wie diese weit verbreitet haben: Benjamin Lee Whorf, der von 1897 bis 1941 lebte. Er gehört zu den wenigen Forschern, nach denen eine ganze Wissenschaftsrichtung benannt wurde. Leute, die Whorfs Gedankengängen anhängen, heißen »Whorfianer«. Whorf war überzeugt: Welche Wörter und welche Grammatik eine Sprache hat, prägt die Wahrnehmung und das Denken der Menschen, die diese Sprache sprechen. Eines der Beispiele, die er nannte, war der Schnee. Fallender Schnee, wässriger Schnee, Schnee auf dem Boden, zusammengedrückter Schnee und so weiter – all das einfach nur mit einem Wort zusammenzufassen, sei für die Ureinwohner der Arktis »nahezu undenkbar«, behauptete Whorf. Denn für diese Menschen, deren Leben davon geprägt ist, mit ganz unterschiedlichen Sorten von Schnee und Eis zurechtzukommen, seien die verschiedenen Sorten »wahrnehmungsmäßig und verhaltensmäßig verschieden«. Die Arktis-Bewohner sähen Unterschiede zwischen verschiedenen Sorten Schnee, die andere nicht sehen. Und deswegen hätten sie verschiedene Wörter dafür, behauptete Whorf.

Bewohner der Arktis haben keineswegs 50 Wörter für Schnee.

Anhand der Sprache der amerikanischen Ureinwohner vom Volk der Hopi glaubte Whorf zeigen zu können, dass man kein Außerirdischer sein muss, um Zeit auf eine ganz eigene Weise zu begreifen (so wie es die im Kapitel 3 beschriebenen Heptapoden tun). Whorf war sicher: »Das Hopi kann man als eine Sprache ohne Zeitbegriff bezeichnen.« Gemeinsam mit seinem Forschungskollegen Edward Sapir entwickelte Whorf einen Grundgedanken, der als »Sapir-Whorf-Hypothese« bezeichnet wird. Die Idee ist: Menschen nehmen die Welt unterschiedlich wahr, wenn sie unterschiedliche Worte und grammatikalische Konzepte für das haben, was sie wahrnehmen.

Ich werde nicht sparen

Man braucht allerdings gar nicht die Sprachen amerikanischer Ureinwohner zu erforschen, um sich die Frage zu stellen: Muss es nicht so sein, dass Menschen verschiedener Völker, die verschiedene Sprachen sprechen, die Welt jeweils ganz anders wahrnehmen und sich deswegen auch unterschiedlich verhalten? Der amerikanische Forscher Keith Chen hat festgestellt: Es gibt Sprachen wie das Englische, in denen jemand, der über die Zukunft redet, auch immer die grammatikalische Zukunftsform verwenden muss. Und es gibt Sprachen, die das lockerer sehen. Im Deutschen kann man sagen: »Morgen regnet es.« Im Englischen ist der Satz »It rains tomorrow« dagegen Kindersprache. Richtig ist nur »It will rain tomorrow« oder »It's going to rain tomorrow«. Auch im Mandarin-Chinesisch wird die Frage, wann etwas passiert, nicht so sehr durch die Verbform angezeigt, sondern durch Wörter wie »heute«, »gestern«, »morgen«.

Chen hat nun untersucht, ob sich das Verhalten von Menschen solcher verschiedener Sprachgruppen unterscheidet, wenn es um die Zukunft geht. Und er hat festgestellt:

Die Frage, wie viel Geld Menschen verschiedener Sprachräume für die Zukunft zurücklegen, unterscheidet sich spürbar. Die sogenannte Sparquote ist nach seiner Analyse dort besonders hoch, wo für die Menschen die Zukunft – sprachlich gesehen – nahe an der Gegenwart ist: In Ländern wie Luxemburg, Norwegen und der Schweiz legen die Menschen besonders viel zurück, auch in Österreich und Deutschland ist Sparen vergleichsweise weit verbreitet. In den USA oder Großbritannien weniger. Der Wissenschaftler ist vorsichtig damit, eine einfache Ursache-Wirkung-Beziehung herzustellen. Aber er ist sicher: Die Sprache und das Verhalten dürften etwas miteinander zu tun haben.

Viele Sprachwissenschaftler verdrehen über Studien wie diese die Augen. Denn die Frage, welche Sprache ein Mensch spricht, ist nur einer von sehr vielen Faktoren, wenn es darum geht, wie er die Welt und das Leben sieht. So kennt jeder Deutschsprachige das Wort »Sünde«. Doch eine 19-jährige strenggläubige Katholikin, die in einem kirchlichen Internat in Niederbayern aufgewachsen ist, wird mit dem Wort etwas ganz anderes verbinden als eine gleichaltrige Berlinerin, in deren Familie man vielleicht schon seit über hundert Jahren mit Religion nichts mehr anfangen kann. Die

Katholikin fühlt sich schlecht, wenn sie glaubt, eine Sünde begangen zu haben. Vielleicht fühlt sie sich schon schlecht, wenn sie über das, was ihre Religion als Sünde bezeichnet, auch nur nachdenkt. Etwa Sex. Die gleichaltrige Berlinerin verbindet das Wort »Sünde« hingegen vielleicht sogar mit etwas Angenehmem. Nicht umsonst hat ein großer Eis-Produzent einige Zeit lang mehrere seiner Kreationen als »sieben Sünden« vermarktet. Beide junge Frauen kennen und benutzen also die gleichen Worte – doch ihr Blick auf die Welt, die hinter diesen Worten steht, ist völlig verschieden. Denn sie sind zwar mit der gleichen Sprache aufgewachsen, aber dennoch in ganz unterschiedlichen Lebenswelten.

Die whorfianische Einschätzung, dass die Frage, wie Menschen zum Beispiel mit Geld umgehen, etwas mit ihrer Muttersprache zu tun hat, steht also auf wackeligen Füßen. Widerlegen kann man sie nicht. Beweisen aber auch nicht.

Widerlegt sind hingegen einige Vermutungen des ersten »Whorfianers«, also von Benjamin Lee Whorf selbst. Andere Forscher haben sich die Behauptung, es gebe bei den Menschen in der Arktis 50 Wörter für Schnee, genauer angeschaut. Und sie kamen zu dem Ergebnis: Whorfs lückenhafte Kenntnisse der entsprechenden Sprachen haben ihn zu einer Behauptung verleitet, die so nicht stimmt. Genauso ist es bei der Vermutung, die Hopi hätten ein völlig anderes Zeitverständnis als die meisten übrigen Menschen: Das ist so nicht richtig. Whorf hat sich diese Idee aus recht oberflächlichen Informationen über die Hopi-Sprache zurechtgelegt.

»Sünde« klingt in den Ohren verschiedener Menschen verschieden.

> **Mensch sein heißt denken können. Denken heißt sprechen können.**

Whorf und viele seiner Anhänger haben sich also immer mal wieder geirrt. Das ändert aber nichts daran, dass es eine faszinierende Frage ist, ob unsere Sprache unser Denken prägt. Und noch einen Schritt weiter: Kann man überhaupt denken ohne Sprache? Unter Sprachwissenschaftlern gibt es schon seit Langem Debatten, welche Rolle das Erlernen von Wörtern bei der Entwicklung des Denkens spielt. Man könnte ja zum Beispiel die Vermutung haben, ein kleines Kind sei erst dann in der Lage, zwischen einem Hund und einer Katze zu unterscheiden, wenn es auch die entsprechenden Wörter kennt. Mit raffinierten Tests haben Wissenschaftler allerdings gezeigt, dass schon sehr kleine Kinder das Konzept »Hund« vom Konzept »Katze« unterscheiden können, noch bevor sie überhaupt anfangen zu sprechen.

Und es herrscht unter Sprachwissenschaftlern inzwischen Einigkeit darüber: Im Kopf des neugeborenen Menschen sind die Nervenzellen im Sprachzentrum des Gehirns von Anfang an darauf vorbereitet, dass dieser Mensch lernt, Sprache zu verstehen und selbst zu sprechen. Genauso wie die Nervenzellen im Bewegungszentrum darauf vorbereitet sind, dass dieser Mensch einmal mit den eigenen Händen essen kann und dass er seine Beine benutzen kann, um zum Kühlschrank zu gehen.

Genauso ist das Gehirn des Neugeborenen von Anfang an darauf vorbereitet, Konzepte zu bilden. Dazu gehört nicht nur, dass schon kleine Kinder erkennen: Ein Glas ist etwas anderes als ein Tisch. Sie verstehen auch ziemlich bald das Konzept »Ursache–Wirkung«. Sie kapieren, dass die Kinderhand, die ein Glas vom Tisch schiebt, etwas damit zu tun hat, dass dieses Glas auf den Boden fällt.

Womit sich die Frage beantwortet, ob man Worte braucht, um zu denken. Die Antwort lautet: Nein. Auch ein Erwachsener braucht nicht die Worte vor sich hin zu murmeln: »Wenn ich jetzt barfuß in die Scherben des zerbrochenen Glases trete, das meine Tochter da gerade runtergeschmissen hat, könnte ich mir wehtun«, um erst mal vorsichtig mit den Scherben umzugehen. Genauso braucht ein gehörloser Mensch erst mal keine Sprache, um denken zu lernen. Allerdings hat sich gezeigt: Gehörlose Kinder, die Gebärdensprache lernen, tun sich leichter damit, sich Gedanken zu machen – etwa darüber, was im Kopf anderer Leute vorgeht.

Auf dem Münchner Karlsplatz war eine Zeit lang der Name dieses Platzes in Gebärdensprache zu sehen.

Und man muss sich nicht vorzustellen versuchen, was im Kopf eines Gehörlosen vorgeht, um zu erkennen: Jeder Mensch kann Dinge wahrnehmen und spüren, auch wenn er gar kein Wort dafür hat. Eine 19-jährige gläubige Katholikin aus Niederbayern wird möglicherweise mit dem Verb »sich schämen« etwas ganz anderes verbinden als eine religionslose Altersgenossin aus Berlin. Aber man kann sicher sein: Beide kennen dieses Gefühl. Und zwar schon ziemlich lange. Wahrscheinlich kannten sie es schon als kleine Kinder, bevor sie überhaupt ein Wort dafür hatten. Genauso, wie sie schon als Säuglinge das Gefühl des Hungers oder der Angst kannten, lange bevor sie anfingen, sprechen zu lernen.

Passiert in den Köpfen aller Menschen also das Gleiche, spielt ihre Sprache beim Denken gar keine Rolle? Ist alles, was sich Benjamin Lee Whorf und die Radikalen unter den »Whorfianern« überlegt haben, völlig falsch? Die Antwort, die sich aus den aktuellen Ergebnissen der Sprachwissenschaft ableiten lässt, wäre: So ist es dann auch wieder nicht.

Die meisten Forscher sind sich einig: Man braucht nicht unbedingt ein Wort für etwas, um es wahrnehmen oder empfinden zu können. Ein Beispiel wären die Farben. Im deutschen Wortschatz ist die Farbe »Orange« erst seit relativ kurzer Zeit mit einem eigenen Wort vertreten. Es ist nur einige Hundert Jahre her, dass der persische Begriff »narendsch« über das Französische ins Deutsche eingewandert ist. Auch die zugehörige Frucht war im deutschen Sprachraum bis vor 300 oder 400 Jahren unbekannt. Die Farbe gab es aber durchaus. Karotten zum Beispiel haben ziemlich genau die gleiche

Gelbe Rübe? Orange Rübe?? Gelbe Orange???

Farbe wie Orangen – zumindest die heute besonders weit verbreiteten Karottensorten, früher gab es mehr Sorten, die eher weiß oder auch dunkelrot waren. Heute würde jemand auf die Frage »Welche Farbe haben Karotten?« jedenfalls wahrscheinlich antworten: »Orange.« Aber an welches Farbwort hätten die Menschen vor 500 Jahren in Deutschland oder Österreich gedacht? Der in weiten Teilen Süddeutschlands übliche Begriff für die Karotte zeigt es ganz klar. Dort heißt das Gemüse »gelbe Rübe«. Denn das Wort »gelb« samt seinen Vorformen ist schon sehr lange im Deutschen verankert.

Ist also Orange und Gelb das Gleiche? Natürlich nicht. Aber ist Hellblau, Dunkelblau, Himmelblau, Veilchenblau das Gleiche? In der deutschen Sprache irgendwie schon. Sonst müsste man ja nicht mit Begriffen wie »hell«, »dunkel«, »Himmel«, »Veilchen« einen Unterschied machen. Auf die Fragen »Welche Farbe hat Füller-Tinte?«, »Welche Farbe hat der Himmel?« und »Welche Farbe hat das Twitter-Logo?« werden Deutsche oder Österreicher wohl immer antworten: »Blau.«

Ein Russe würde auf die Fragen dagegen mit ganz verschiedenen Wörtern antworten. Blaue Tinte beschreibt man im Russischen mit »sinij«. Denn das ist das russische Wort für den dunklen Farbton, den Tinte

üblicherweise hat. Auf die Frage nach der Farbe des Himmels und auch des Twitter-Logos dürfte ein Russe hingegen wohl »goluboj« antworten – denn das steht für die helleren und strahlenderen Varianten der Farbe Blau. Und es gibt Hinweise darauf, dass russischsprachige Männer und Frauen die Welt tatsächlich ein kleines bisschen anders sehen als Menschen, die nur »blau« oder »blue« sagen – weil die Russischsprecher zwischen »goluboj« und »sinij« unterscheiden.

Welches Farbwort fällt einem Russen hier ein? Welches einem Deutschen?

Zwei Sprachen – zwei Welten?

Um das herauszufinden, wurden Russen und Amerikanern Farbplättchen in verschiedenen Blautönen vorgelegt. Sie mussten auf Knöpfe drücken, sobald sie sicher waren, dass es verschiedene Farbtöne waren. Die Russen reagierten anders als die Englischsprecher – und zwar entsprechend der Grenze zwischen dem dunkleren »sinij« und dem helleren »goluboj«. Bei einem ähnlichen Experiment zur Farberkennung wurden Menschen, die Mandarin-Chinesisch sprachen, mit ihrem Kopf in einen Hirnscanner gelegt. Auch hier zeigte sich an bestimmten Reaktionen im Gehirn: Die Worte, die die Testpersonen im Kopf für eine Farbe abgespeichert hatten, halfen ihnen, diese Farbe von anderen zu unterscheiden. Der Sprachwissenschaftler Guy Deutscher hat dafür folgende Erklärung: Im Gehirn gebe es eine Arbeitsteilung. Bestimmte Teile des Denkorgans sind dafür zuständig, Seheindrücke zu verarbeiten, andere Teile entschlüsseln Sprachbotschaften. Aber es gebe neben der Arbeitsteilung auch eine Zusammenarbeit. Die Optik-Schaltkreise des Gehirns »bitten die Sprachschaltkreise um Hilfe bei der Entscheidungsfindung«, stellt Deutscher fest.

Sehen also Russen Blumen, den Himmel und Malerei ganz anders als Deutsche, Briten oder Chinesen? Haben die amerikanischen Ureinwohner vom Volk der Hopi einen ganz anderen Blick auf die Zeit – sind sie deswegen vielleicht gelassener als ihre englischsprachigen Landsleute? Gestalten Deutsche oder Österreicher ihr Leben grundlegend anders als Briten, weil sich im Deutschen die Zukunft auch mit der grammatikalischen Form der Gegenwart ausdrücken lässt? Sparen Deutschsprecher mehr, weil sie sagen können: »Ich bringe mein Geld zur Bank«, während Briten sagen müssten: »I'll bring ...«?

Die Antwort, die die Sprachwissenschaft heute auf solche Fragen gibt, lautet: Nein, so überragend groß ist der Einfluss der jeweiligen Sprache auf das Denken nicht. Aber es gibt einen Einfluss. Wie groß er ist, darüber herrschen unterschiedliche Einschätzungen. Eines aber ist sicher: Wenn es darum geht, wie Menschen die Welt verstehen und gestalten, ist es weit wichtiger, *was* sie sagen und denken, als die Frage, *in welcher Sprache* sie sprechen und denken. Und noch etwas ist sicher: Menschen können dank der Sprache nicht nur die Welt beschreiben. Sie können auch ganz neue Welten erschaffen. Und sie können die Weltsicht anderer Menschen beeinflussen. Mal bewusst, mal unbewusst.

10 WÖRTER MACHEN WIRKLICHKEIT

Wie schon einzelne Wörter beeinflussen, was wir wahrnehmen und wie wir handeln.

> Wie sehr beeinflussen Worte ganz unbewusst unser Denken? Stark. Ziemlich stark. Das wissen Menschen, seitdem sie sprechen, also seit vielen Zehntausend Jahren. Aber Wissenschaftler haben in den vergangenen Jahrzehnten immer klarer herausgearbeitet, wie verblüffend groß manchmal der Einfluss der Worte auf das ist, was wir mit diesen Worten denken.
>
> Jeder kann dazu selbst einen Versuch unternehmen. Das – etwas spielerische – Experiment funktioniert so: Man braucht einen oder mehrere andere Menschen. Wenn man nur einen Menschen hat, soll er einige Sekunden lang sagen: »Weiß – weiß – weiß – weiß – weiß ...« Wenn es mehrere Leute sind, sollen die anderen, die nicht die Versuchsperson sind, sagen: »Weiß – weiß – weiß ...« Dann stellt man der Versuchsperson die Frage: »Was trinkt die Kuh?« Und die Versuchsperson wird so gut wie immer sofort, ohne nachzudenken, antworten: »Milch!«

Wenn man die Versuchsperson nicht in das Worte-Bad aus »Weiß – weiß – weiß ...« legt, denkt sie oft einen Moment nach und gibt entsprechend die richtige Antwort: »Wasser.« Denn das ist es, was Kühe trinken. Sie trinken keine Milch. Die trinken Kälber.

Warum geben dann viele Menschen ohne zu zögern eine falsche Antwort? Genau weiß man nie, was im Hirn passiert. Aber naheliegend ist folgende Erklärung: Mit dem Begriff »weiß«, dem Begriff »Kuh« und dem Begriff »trinken« ist in den Hirnzellen ein weißes Getränk verknüpft, das aus dem Euter der Kuh kommt: Milch.

Wörter, die bremsen

Das »Weiß-weiß-was-trinkt-die-Kuh«-Experiment ist eher ein Partyspaß. Wissenschaftler haben sich in den vergangenen Jahren noch ganz andere, ernsthaftere Anordnungen überlegt, um herauszufinden, wie bestimmte Wörter in den Köpfen der Menschen wirken, die diese hören oder lesen. So wollten Forscher in den USA wissen: Läuft man langsamer, nachdem man einen Text gelesen hat, in dem viele Wörter vorkommen, die nach »alt sein« klingen?

Nach einigen Experimenten konnten sie die Antwort geben: »Ja!«

Die Forscher hatten Versuchspersonen mit Wörtern arbeiten lassen, wobei die Testteilnehmer dachten, es gehe darum, etwas zum Thema Grammatik zu erforschen: Nämlich, wie die Versuchspersonen aus bestimmten Wörtern Sätze bilden. In Wirklichkeit wollten die Wissenschaftler aber wissen, ob auch jüngere Menschen etwas tun, was sonst vor allem ältere machen – nämlich langsam gehen –, wenn sie vorher eine Menge Wörter gelesen haben, die man üblicherweise mit »alt sein« verbinden. Die Versuchspersonen bekamen viele Wörter wie »alt, hilflos, allein, pensioniert, konservativ, grau« zu lesen. Weil in den USA viele Rentner wegen des warmen Klimas in den südlichen Bundesstaat Florida ziehen, wo manche von ihnen gerne Bingo spielen, waren auch diese beiden Wörter auf der Liste. Was die Versuchsteilnehmer nicht wussten: Die Wissenschaftler setzten eine Stoppuhr ein, um zu messen, wie zügig oder langsam die Testpersonen am Ende zum Ausgang des Gebäudes gingen, in dem der Versuch stattfand.

Das Ergebnis: Die Versuchsteilnehmer mit den »Alte-Leute-Wörtern« gingen nach dem Experiment langsamer zum Ausgang als andere Versuchspersonen, in deren Testtexten Wörter zu lesen waren, die nichts mit der Vorstellung »alt sein« zu tun haben, wie etwa »durstig, sauber, privat«. Der Unterschied war zwar nicht sehr groß, aber messbar, stellten die Forscher hinterher fest. Ihre Erklärung: Wer über bestimmte Wörter das Gedankenkonzept »alt sein« in seinen Kopf gepflanzt bekommt, bei dem strahlt dieses Konzept aufs gesamte Gehirn aus. Auch auf die Teile des Gehirns, die mit Bewegung zu tun haben. Also gehen die Leute hinterher langsamer.

Begriffe wie »Rentner« und »Bingo« prägen das Denken.

Klingt unglaubwürdig? Ein abwegiges Experiment skurriler Wissenschaftler? Nun, es hat viele ähnliche Versuche gegeben, die eines immer wieder bestätigen: Worte und manchmal sogar einfach nur der Klang von Worten lösen in uns etwas aus, ohne dass wir es bewusst merken. Was wiederum heißt: Wer weiß, wie er mit Worten etwas in den Köpfen anderer auslösen kann, bekommt dadurch eine beträchtliche Macht.

Nichtdenken geht nicht

Der amerikanische Sprachwissenschaftler George Lakoff hat ein Mini-Experiment zur Macht der Worte in den Titel eines Buches gepackt: *Don't think of an elephant!* Er berichtet gleich am Anfang des Buches davon, was jeder Leser an sich selbst wird beobachten können: Wer die Aufforderung bekommt: »Denk NICHT an einen Elefanten!«, der wird genau das Gegenteil tun: Er wird an ein großes graues Tier mit langem Rüssel denken. Er kann gar nicht anders.

Deswegen warnt Lakoff: Es sei ein Fehler, eine Vorstellung, die man in den Köpfen anderer Menschen lieber nicht haben möchte, auch nur zu erwähnen. Als Beispiel dafür nennt der Sprachwissenschaftler den früheren US-Präsidenten Richard Nixon. Als der unter dem Vorwurf stand, er habe in großem Stil betrogen, sagte er in einer Fernsehansprache: »I'm not a crook« – »Ich bin kein Lügner«. Doch was bei vielen Zuschauern vor allem hängen blieb, war das Wort »Lügner«.

Schon vor rund 2000 Jahren soll der Schriftsteller Plutarch auf Lateinisch den Satz geprägt haben: »Calumniare audacter, semper aliquid haeret!« Auf Deutsch: »Verleumde nur dreist, irgendwas bleibt immer hängen!« Dass von einem Vorwurf immer etwas hängen bleibt, ist aber auch 2000 Jahre nach Plutarch aktuell. Darauf setzte zum Beispiel Donald Trump, als er beschloss, an die politische Spitze der USA aufzusteigen. Seine politische Gegnerin Hillary Clinton bezeichnete er schon bald konsequent als »crooked Hillary« – »betrügerische Hillary«. Aus Gegnern mit den Namen James Comey, Ted Cruz oder Joe Biden machte er »Lying James Comey«, »Lying Ted« und »Sleepy Joe« – er stempelte seine Gegner also als Lügner oder als träge ab. Und bei vielen Amerikanern blieb dieser Stempel hängen.

Ähnlich wirkungsvoll, wenn nicht sogar noch wirkungsvoller sind Formulierungen, die etwa mit den Worten beginnen: »Ich sage ja nicht, dass ...« In der klassischen Lehre über die Redekunst, der Rhetorik, gibt es dafür einen eigenen lateinischen Begriff: »Praeteritio«. Sie kann ausgesprochen fies wirken. Stellen wir uns vor, eine Schülerin schreibt über einen Lehrer im Internet: »Ich würde nie behaupten, dass Herr Müller Schülerinnen in den Ausschnitt schaut. Und ich sage ja auch nicht, dass er wahrscheinlich zu Hause jede Menge Pornos auf seinem Computer hat. So etwas würde ich nie sagen.« Ein solcher Lehrer kann einpacken.

Worte als Rahmen

Auf welche Weise »immer etwas hängen bleibt«, haben Sprachforscher in den vergangenen Jahrzehnten genauer untersucht. Sie haben dabei einen englischen Begriff geprägt: »Framing«. Damit soll ausgedrückt werden, dass alles, was wir denken, immer in einen bestimmten Gedankenrahmen eingebaut ist. Denn der Rahmen (englisch: frame), in dem wir etwas sagen, gibt einem Satz erst wirklich seinen Sinn. Wenn Paula sagt: »Das ist ein schönes Schloss!«, dann bedeutet es in dem Moment, in dem sie zum ersten Mal in Neuschwanstein ankommt, etwas anderes als in dem Moment, in dem ihr Freund Ben ihr das Liebesschloss zeigt, das er mit ihr an einer Brücke befestigen will.

Aber auch, wie wir etwas bewerten, hängt schnell mal von dem sprachlichen Rahmen ab, in dem man uns etwas präsentiert. Wenn Menschen, die aus dem Ausland kommen, als »Flut« oder als »Strom« bezeichnet werden, dann ruft das Bilder wach: Gegen eine Flut sollte man Dämme errichten, auch einen Strom sollte man eindämmen, damit er nicht über die Ufer tritt.

Auch was Einzelne tun, kann in einem ganz unterschiedlichen Licht erscheinen, je nachdem, wie wir diese Einzelnen sehen. Der Argentinier Che Guevara, dessen Bild heute noch auf der ganzen Welt zur Popkultur gehört, war und ist für viele Menschen ein Freiheitskämpfer. Denn er hat Mitte des 20. Jahrhunderts in verschiedenen Ländern mit Waffengewalt gegen die dortigen Diktaturen gekämpft. Für die Regierungen, etwa auf Kuba oder in Bolivien, war er damals aber etwas ganz anderes: ein Terrorist.

Rechtsextreme Gruppen wie die NPD bezeichnen Zuwanderer immer wieder als »Flut«.

Freiheitskämpfer oder Terrorist?

Menschen als Tiere

Framing funktioniert oft über sprachliche Bilder, also über Metaphern. Wer einen Menschen als »Volksschädling« bezeichnet, malt damit ein Bild: Das Volk ist wie eine Pflanze – etwa ein Baum –, die von einem Parasiten befallen ist, wie etwa einem Borkenkäfer. In der nationalsozialistischen Diktatur in Deutschland wurde mit solchen Wörtern die massenhafte Ermordung von Menschen vorbereitet. Denn Schädlinge muss man bekämpfen. Angehörige anderer Völker wurden von den Nazis als »Untermenschen« bezeichnet. Einen »russischen Untermenschen« in einem Kriegsgefangenenlager verhungern zu lassen, fällt leichter als einen Angehörigen eines »germanischen Brudervolkes«, zu denen die Nazis etwa Dänen oder Norweger zählten.

Wer heute Wörter wie »Volksschädling« oder »Untermensch« verwendet, stellt sich damit selbst in eine extremistische, menschenverachtende Ecke. Aber Politiker als »Volksverräter« zu bezeichnen, halten Demonstranten der Pegida-Bewegung zum Beispiel durchaus für in Ordnung. Wenn man ihnen erklärt, dass das eine Sprache ist, die ihre Wurzeln in der Nazi-Diktatur hat, ent-

Bevor die Nationalsozialisten Menschen töteten, diffamierten sie sie mit Worten.

gegnen sie gerne mal, da würde die »Nazi-Keule« gegen sie eingesetzt. Welches Bild enthält dieser Frame? Dass jemand mit einem bestimmten Vorwurf (»Nazi«) einen Holzknüppel übergezogen bekommt. Diejenigen, die anderen mit Worten eins über die Rübe ziehen, stellen sich also selbst als Opfer sprachlicher Gewalt dar.

Unauffällige Bilder

Aber oft beeinflussen sprachliche Bilder auf eine weit weniger auffällige Weise das Denken und Diskussionen. Wenn eine Firma Arbeitsplätze streicht, ist oft von einer »Sanierung« die Rede. Darin steckt das lateinische Wort »sanus«, auf Deutsch: »gesund«. Dagegen, dass man eine Firma gesund macht, kann ja keiner etwas haben. Außer vielleicht diejenigen, die sich eine neue Arbeitsstelle suchen müssen. Wenn sie denn eine finden. Wenn eine Firmenleitung Glück hat, gibt es Journalisten, die einen Stellenabbau in eine Überschrift wie diese packen: »Abspecken für die Zukunft«. Unter dieser Schlagzeile war beispielsweise Anfang 2019 in der »Süddeutschen Zeitung« über den Plan des VW-Konzerns zu lesen, 7000 Arbeitsplätze zu streichen. Doch welches Bild wird damit gezeichnet? Wer abspeckt, ist vorher zu dick und hat hinterher eine gute Figur. Also ist Abspecken gut. VW versprach zwar, dass niemand eine Kündigung erhalten solle. Wenn jemand freiwillig gehe, sollten die entsprechenden Stellen nicht wieder besetzt werden. Trotzdem ist es für einen Angestellten sicherlich ein unangenehmes Gefühl zu lesen, dass sein Chef ihn als »Speck« betrachtet, der »abgespeckt« werden soll.

Gerade in der Wirtschaftswelt werden viele Metaphern verwendet, die das Denken in eine bestimmte Richtung drehen. Oft ist von der »Abgabenlast« oder »Steuerlast« die Rede. Damit wird das Bild gezeichnet, dass jemand etwas Schweres zu tragen hat, was ja meist unangenehm ist. Dass mit Sozialabgaben etwa die Behandlung kranker Menschen bezahlt wird,

gehört nicht zu diesem Bild. Auch nicht, dass Steuergelder gebraucht werden, um Schulen, Straßen, Polizisten und noch vieles andere zu bezahlen. Vielmehr wird mit der »Last« der Gedanke vorbereitet, Steuern und Abgaben müssten gesenkt werden, damit die Belastung nicht mehr so groß ist. Und auch bei denjenigen, die nicht warten wollen, bis die Steuern sinken, und ihr Vermögen in ein »Steuerparadies« oder eine »Steueroase« bringen, werden Bilder wachgerufen: Rund um die Oase liegt eine Wüste. Dass man aus der weg will, ist verständlich. Die Sprachwissenschaftlerin Elisabeth Wehling stellt fest: »Nur gute Menschen kommen ins Paradies.« Was bedeutet: Es sind keine wirklich schlechten Menschen, die ihre Millionen ins Steuerparadies verschieben.

Gerade in den Medien gibt es oft nicht sehr viel Bewusstsein dafür, was ein bestimmter Begriff für einen Rahmen setzt. Journalisten oder auch Blogger haben immer wieder von »Schummel-Software« gesprochen, als 2015 bekannt wurde, dass große Autokonzerne die Abgasreinigung von Dieselautos manipuliert haben. Schummeln, das ist das, was zum Beispiel ein Kind tut, wenn es beim »Mensch ärgere Dich nicht« eine Vier würfelt, aber absichtlich fünf Felder vorrückt. Was die Automanager gemacht haben, hat eigentlich einen anderen Namen: Betrug. Sie haben Millionen Kunden geschadet, die die Autos mit der betrügerischen Software kauften. Sie haben noch viel mehr Menschen geschadet, die mehr Abgase einatmen, als die Autos ohne jene Software ausstoßen würden. Sie haben den Aktionären der Autofirmen geschadet, weil die Firmen Kosten in Milliardenhöhe für die Aufarbeitung des Betrugs bereitstellen mussten. Das ist etwas völlig anderes als eine kleine Schummelei.

Kann Wandel schlecht sein?

Bei einem Wort, das die Umweltdebatte seit vielen Jahren prägt, lässt sich ebenfalls darüber diskutieren, ob es nicht in die falsche Richtung führt: »Klimawandel«. Denn dieses Wort setzt auf mehrere Weise einen Rahmen, der harmloser ist als die Sache, um die es geht. Zumindest wenn man der großen Mehrheit der Fachleute glaubt, die sich seit Jahren mit dem Thema befassen. Zunächst ist das Klima etwas Abstraktes, das irgendwie weit weg von uns ist. Dazu kommt der Wandel. Der ist üblicherweise etwas, das irgendwie von selbst geschieht. »Das Klima wandelt sich« ist ein grammatikalisch korrekter Satz.

»Die Menschen wandeln das Klima« geht in der deutschen Sprache nicht. Und Wandel ist oft etwas Positives. Wenn es darum geht, dass Länder wie Deutschland mit Diktaturen wie China oder Saudi-Arabien Geschäfte machen, ist oft die Rede vom »Wandel durch Handel«. Sprich: Wer mit solchen Diktaturen Waren austauscht, trägt dazu bei, dass sie sich wandeln, also vielleicht weniger Todesurteile vollstrecken.

Abschmelzen der Polkappen. Hamburg, New York oder Venedig unter den Wassermassen des Meeres. Immer größere Wüstenflächen. Millionen Menschen, die an Hitze sterben. Tierarten, die für immer von der Erde verschwinden – das klingt anders als »Wandel«. Leute, die dafür sorgen wollen, dass weniger Kohlendioxid in die Erdatmosphäre gepumpt wird, versuchen deswegen, einen anderen Frame zu setzen, und sprechen beispielsweise von »Erderhitzung« und »Klimakrise« oder gar »Klimakatastrophe«. So richtig durchgesetzt haben sie sich damit aber bisher nicht.

Klingt anders als »Klimawandel«.

Gute Politik!
Gute Politik?

Selber denken?
Selber denken!

Politiker wissen schon lange, dass es wichtig ist, mit Begriffen das Denken der Menschen zu formen. Aber sie waren dabei nicht unbedingt immer auf allen Feldern kreativ. Sie verabschiedeten in früheren Jahrzehnten Gesetze mit Namen wie »Bundesimmissionsschutzgesetz«, kurz BImSchG, das 1974 in Kraft trat. Und sie sprachen auch über das Bundesimmissionsschutzgesetz. Wenn dieses Gesetz heute verabschiedet würde, könnte man wahrscheinlich etwas über das »Gute-Luft-Gesetz« lesen und hören. Denn in den Paragrafen geht es vor allem darum, wie sich die Luftverschmutzung eindämmen lässt.

Woher kommt der Gedanke, dass man das BImSchG auch »Gute-Luft-Gesetz« hätte nennen können? Ganz einfach: Als 2019 das »Gesetz zur Weiterentwicklung der Qualität und zur Teilhabe in der Kindertagesbetreuung« in Kraft trat, wurde darüber mit einem ganz anderen Namen diskutiert: »Gute-KiTa-Gesetz«. Und wer will schon etwas gegen so ein Gesetz haben?

Nun kann man entgegnen, dass es so leicht dann auch wieder nicht ist, mit Wörtern das Denken der Menschen zu manipulieren. Und es liegt auf der Hand: Auch wenn Donald Trump noch so oft von der »betrügerischen Hillary« twitterte und sprach, blieben ihr doch eine Menge Anhänger treu. Auch wenn das Wort »Klimawandel« harmloser daherkommt, als die Sache ist, finden sich doch viele Menschen, die etwas gegen die Aufheizung der Erdatmosphäre unternehmen wollen.

Trotzdem: Wer gerne selbst denken möchte, sollte immer wieder auch über die Wörter nachdenken, die durch den eigenen Kopf gehen und die durch Diskussionen schwirren. Denn es ist uns Menschen oft schlicht nicht bewusst, wie schon einzelne Wörter unseren Gedanken einen bestimmten Drall geben können.

Einen bemerkenswerten Beleg dafür hat eine Studie geliefert, die Wissenschaftler der amerikanischen Elite-Universität Stanford durchgeführt haben. Sie zeigten: Ein einzelnes Wort in einem Text über Kriminalität kann das Denken der Leser messbar beeinflussen.

Die Forscher schrieben einen Text über eine erfundene Stadt namens Addison, in der die Kriminalität in den vergangenen Jahren deutlich nach oben gegangen war. In Addison sei nicht nur die Zahl der Einbrüche deutlich gestiegen, auch die Zahl der Morde habe sich innerhalb von nur drei Jahren fast verdoppelt, hieß es in dem Text. Die Leser sollten nach dem Lesen des Textes entscheiden, welche politischen Maßnahmen klüger seien: mehr Polizisten und mehr Gefängnisse oder die Arbeitslosigkeit bekämpfen und die Bildungsmöglichkeiten verbessern?

Bevor sich die Versuchsteilnehmer für eine der beiden politischen Alternativen entscheiden sollten, bekamen sie einen Text zu lesen, in dem die Situation in der erfundenen Stadt Addison mit diversen Zahlen und Statistiken geschildert wurde. Es gab zwei Gruppen von Versuchsteilnehmern. Die Texte, die sie zu lesen bekamen, unterschieden sich durch ein Wort in einem Satz ganz am Anfang der Beschreibung. Einmal hieß es: »Crime is a beast ravaging the city of Addison.« – »Das Verbrechen ist ein wildes Tier, das in der Stadt Addison wütet.« Und das andere Mal hieß es: »Crime is a virus ravaging the city of Addison.« – »Das Verbrechen ist ein Virus, das in der Stadt Addison wütet.«

Von denen, die den Text mit »beast« zu lesen bekamen, sprachen sich 71 Prozent dafür aus, das zu tun, was man mit wilden Tieren oft macht: einsperren. Also mehr Polizisten und Gefängnisse. Bei den Versuchsteilnehmern, die das Wort »virus« zu lesen bekamen, wurde offenbar nicht der Frame »Wildes Tier – Käfig« gesetzt, sondern »Krankheit – Heilung«. Sie setzten nur zu 54 Prozent auf Polizisten und Gefängnisse, damit Addison wieder ein sichererer Ort wird. Außerdem hielten sie es häufiger für eine gute Idee, auf Bekämpfung der Armut und bessere Bildung zu setzen.

Die Forscherin Lera Boroditsky, die die Untersuchung leitete, meint dazu: »Metaphern werden nicht nur für blumige Sprache verwendet. Sie haben Auswirkungen darauf, wie wir Entscheidungen treffen und was der richtige Ansatz für die Lösung von Problemen ist.« Ein guter Grund, immer wieder darüber nachzudenken, was die Wörter, die man hört, liest, spricht und schreibt, für Wirkungen haben könnten. Vor allem, wenn es um Wörter geht, die wie Waffen sein können.

11 SPRACHE ALS WAFFE

Wie Schimpfwörter Schaden anrichten – wie sie aber auch hilfreich sein können.

> Fluchen hilft gegen Schmerzen. Fluchen gibt Kraft. Das ist seit einigen Jahren wissenschaftlich abgesichert. Ein Forscherteam in Großbritannien hat sich dazu folgende Versuchsanordnung ausgedacht: Studienteilnehmer sollten die Hand in eiskaltes Wasser halten, so lange sie konnten. Sie sollten dabei immer wieder ein bestimmtes Wort sagen. Entweder ein Fluchwort, das sie rufen würden, wenn sie – etwa nach einem Schlag mit dem Hammer auf den Daumen – fiese Schmerzen hätten. Oder aber sie sollten mit der Hand im eiskalten Wasser ein neutrales Wort wiederholen: eines, mit dem man einen Tisch beschreibt.
>
> Das Ergebnis: Wenn die Probanden zum Beispiel »Scheiße-Scheiße-Scheiße …« oder »Fuck-Fuck-Fuck …« sagten, konnten sie die Kälte mehr als zwei Minuten aushalten. Wenn sie »glatt-glatt-glatt …« oder »braun-braun-braun …« sagten, dann war es mit dem Schmerz-Aushalten schon nach einer Minute und 15 Sekunden vorbei. Fast die Hälfte weniger.

Die Erklärung der Wissenschaftler: Wer flucht, tut etwas, das eigentlich verboten ist. Damit bringt er die Netzwerke im Gehirn zusätzlich in Schwung, die bei Stress angeworfen werden. Diese Netzwerke haben die Funktion, dass Menschen gefährliche Situationen besser durchstehen: Entweder sie fliehen – dann sollte das Herz schnell pumpen, damit sie schnell wegrennen können. Oder sie kämpfen – dann sollten sie kräftig zuschlagen können und Schmerz gut aushalten. Damit das klappt, schüttet das Gehirn Stoffe wie Adrenalin, Cortisol und Endorphine aus. Und die helfen, auch den Schmerz zu ertragen, den diese spezielle Form der Ice Bucket Challenge mit sich bringt.

In einer weiteren Testreihe kamen die Forscher zu folgendem Ergebnis: Testpersonen, die mit Trainingsgeräten zeigen sollten, wie viel Kraft sie aufbringen können, brachten mehr auf die Anzeigetafel, wenn sie vor sich hin schimpften, als jene, die aufs Fluchen verzichteten. Der Mechanismus dahinter dürfte der gleiche sein, wie wenn es darum geht, Schmerz besser auszuhalten, vermuten die Wissenschaftler: Das Fluchen bringt die Teile des Gehirns in Schwung, die für Stress zuständig sind – und die damit verbundenen Hormone und Endorphine machen es einfacher, die Kraftreserven des Körpers auszuschöpfen.

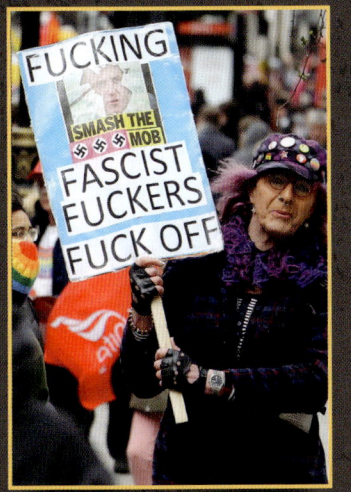

Diese britische Demonstrantin auf einer Anti-Rassismus-Demo fühlt sich offenbar wohler, wenn sie schriftlich fluchen kann.

Zweischneidiges Werkzeug

Das Gehirn kommt beim Fluchen also in Schwung, weil es etwas Verbotenes tut. Ist es deshalb in Ordnung, sich einfach über die Regel hinwegzusetzen, die sagt: »Schimpfwörter und Flüche sollte man besser für sich behalten«? Wenn Fluchen Schmerzen lindert und Kraft gibt, sollten wir dann nicht alle viel öfter »Scheiße« sagen? Sollten wir als Gruß also nicht »Hallo« sagen, sondern »Hallo, Fotze« oder »Hallo, Wichser«?

Würde mutmaßlich das Hirn auch in Schwung bringen. Aber nein, das wäre natürlich keine gute Idee. Doch warum eigentlich nicht?

Weil in allen Flüchen und Beschimpfungen eine Macht liegt, die über das hinausgeht, was in anderen Wörtern auch schon an Macht steckt. In früheren Jahrhunderten und Jahrtausenden waren die Menschen fest überzeugt, dass ein Fluch anderen Menschen direkten Schaden zufügen kann. Wenn heute ein Fußgänger einem Radler hinterherruft: »Ich wünsche dir, dass es dich von deinem Drecks-Rad schmeißt und du dir alle Knochen brichst!«, würde das zwar als Beleidigung gelten. Aber niemand würde ernsthaft denken, dass es etwas mit dieser Beschimpfung zu tun hat, wenn der Radler später tatsächlich stürzt. In früheren Zeiten hätten die Menschen durchaus einen solchen Zusammenhang gesehen. Sie waren von der magischen Macht der Flüche fest überzeugt.

Was tut weh?

Flüche und Schimpfwörter sind also wie Messer. Man kann sie für Sinnvolles einsetzen – bei Messern wäre eine sinnvolle Verwendung Karotten schneiden, nicht aber ein Stoß in den Bauch eines anderen. Bei Flüchen wäre eine sinnvolle Verwendung, den Schmerz (etwa nach einem Hammerschlag auf den Daumen) zu lindern. Nicht aber das bewusste Verletzen eines anderen.

Wobei es recht aufschlussreich ist, auf welche Weise Wörter zu Schimpfwörtern werden. Es gibt von Sprache zu Sprache Unterschiede, worum sich Flüche und Beschimpfungen drehen. In Ländern, in denen Religion noch eine gewisse Rolle spielt, wie etwa Spanien und Italien, geht es beim Fluchen öfter um religiöse Themen als in Deutschland. Die »hostia« – also die Oblate, die beim Abendmahl gereicht wird – taugt in Spanien immer noch gut zum Fluchen. Wenn ein spanischer Schüler sagt: »iEste examen es la hostia!«, meint er damit: »Diese Prüfung ist echt scheiße!« »La hostia« kann aber auch für eine Ohrfeige

In Spanien taugt die Hostie, die beim christlichen Abendmahl gereicht wird, als Schimpfwort.

stehen. Im deutschsprachigen Raum funktioniert der Fluch »Hostien!« eher nicht. Auch beim Fluchen auf Italienisch spielt Religion eine Rolle. Südlich der Alpen ist man mit »porco dio« – Schweinegott – immer noch ziemlich weit oben auf der Fluch-Skala.

In den meisten Sprachen der Welt drehen sich Flüche und Beschimpfungen aber vor allem um drei Bereiche: körperliche Ausscheidungen, Sex und bestimmte gesellschaftliche Gruppen. Vor allem der zweite und der dritte Bereich haben es in sich, wenn es um die Frage geht, in welcher Welt wir leben möchten und wie wir diese Welt mit unseren Worten gestalten wollen.

»Ich scheiß drauf.« »Was soll der Rotz?« »Du kotzt mich an!« »Was pisst du hier so rum?« Mit dem Bezug auf Körperliches zu schimpfen, klingt derb und kräftig. Aber der Bezug auf das, was aus dem Hintern, der Nase oder auch der Harnröhre kommt, lässt sich doch meist wegstecken.

Härter wird es, wenn es um Sex geht. »Hey, ich fick dich!«, kann wie ein Schlag ins Gesicht wirken. Und eine Frau oder ein Mädchen als »frigide Fotze« oder als »Fickhure« (geschrieben auch als »Fiqqhure«) zu bezeichnen, ist wie ein Schlag mit dem Schlagring – auch wenn es eine ganze Reihe von Rappern gibt, die

solche Worte verwenden, als wäre überhaupt nichts dabei – gerne auch mal mit Kinderstimme und Kindergesicht, wie etwa der Rapper Hustensaft Jüngling.

Man muss eigentlich gar nicht lange nachdenken, um zu merken, was für ein fieses Weltbild hinter Wörtern wie »Fickhure«, »Schlampe« oder auch »Fotze« steckt. Es ist eine Welt, in der Männer Frauen auf ihr Geschlechtsteil reduzieren. Es gibt kein männliches Schimpfwort-Gegenstück zu »Fotze«. Es funktioniert einfach nicht, einem Mann im Vorübergehen »Hey, du Schwanz!« oder »Alter Pimmel!« zuzuzischen, wenn man ihn verunsichern oder beleidigen möchte.

Die Kommunikationsberaterin Silja Kempinger hat gegen sie gerichtete Beschimpfungen in ein Bild gefasst.

Aber die F-, S- und H-Wörter bauen auch noch eine andere Welt: eine Welt, in der Frauen ihre Sexualität nicht frei ausleben dürfen. Eine Frau, die mit einer gewissen Zahl von Männern geschlafen hat, ist eine Schlampe. Ein Mann, der mit entsprechend vielen Frauen geschlafen hat, ist was? Ein Schlamper schon mal nicht. Wahrscheinlich findet man für ihn sogar einen positiven Begriff: »Womanizer«. »Don Juan«. Selbst »Fuckboy« klingt nicht annähernd so gemein wie »Schlampe«.

Besonders durchtrieben ist die Beschimpfung »Hure«. Als »Hure« oder »Nutte« beschimpfen Männer Frauen, die Geschlechtsverkehr an Männer als Dienstleistung verkaufen. In den allermeisten Fällen tun die Frauen das, weil sie keine andere Möglichkeit sehen, ihren Lebensunterhalt zu bestreiten. Männer erniedrigen Frauen also in der Prostitution. Und das Wort für die Frauen, die von Männern erniedrigt werden, ist gleichzeitig eine Beschimpfung, die auf alle Frauen angewandt wird. Verächtlicher geht es kaum.

Bewusst mit der Macht der Worte umgehen

Nun kann man natürlich sagen: Die Anhänger einer anderen Fußballmannschaft als »Hurensöhne« zu bezeichnen, ist doch nur Spiel – so wie Fußball auch, oder? Man kann auch sagen: »Ist doch nicht böse gemeint, wenn ich ein Mädchen als Schlampe bezeichne. Ist doch Spaß!« Ist auch nicht böse gemeint, wenn der 16-jährige Dominik zu seinem Mitschüler Tom sagt: »Hey, du Mongo« – und der antwortet: »Was willst du, du Spast?« Ist nur ein bisschen Rauferei mit Worten, oder? Auch wenn Tom zu seiner Schwester »Fotze« sagt, ist das nicht so schlimm, oder? Und wenn die Schwester antwortet: »Lass mich in Ruhe, du Schwuchtel!«, auch nicht, oder?

Oder doch? Was ist okay, was nicht?

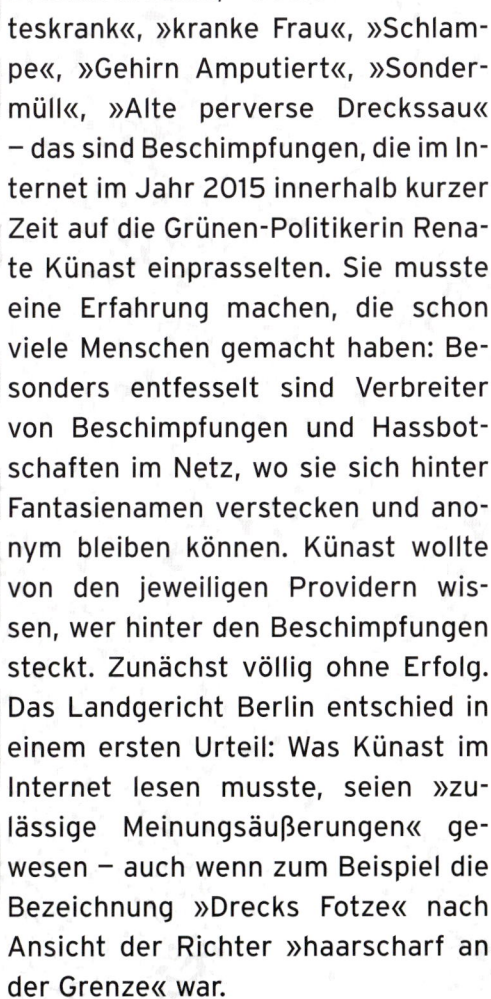

Was geht? Frag lieber keinen Richter!

»Drecks Fotze«, »Stück Scheisse«, »Krank im Kopf«, »altes grünes Drecksschwein«, »Geisteskrank«, »kranke Frau«, »Schlampe«, »Gehirn Amputiert«, »Sondermüll«, »Alte perverse Dreckssau« – das sind Beschimpfungen, die im Internet im Jahr 2015 innerhalb kurzer Zeit auf die Grünen-Politikerin Renate Künast einprasselten. Sie musste eine Erfahrung machen, die schon viele Menschen gemacht haben: Besonders entfesselt sind Verbreiter von Beschimpfungen und Hassbotschaften im Netz, wo sie sich hinter Fantasienamen verstecken und anonym bleiben können. Künast wollte von den jeweiligen Providern wissen, wer hinter den Beschimpfungen steckt. Zunächst völlig ohne Erfolg. Das Landgericht Berlin entschied in einem ersten Urteil: Was Künast im Internet lesen musste, seien »zulässige Meinungsäußerungen« gewesen – auch wenn zum Beispiel die Bezeichnung »Drecks Fotze« nach Ansicht der Richter »haarscharf an der Grenze« war.

Die Entscheidung hat viele Menschen überrascht und auch empört.

Später hat das Berliner Gericht sein Urteil zwar geändert, aber nur teilweise. Überhaupt kann man feststellen: Wenn Richter über Beleidigungen entscheiden, sind die Bewertungen von Ort zu Ort und von Fall zu Fall ganz unterschiedlich. Wer einen Polizisten »Spinner« und »Spasti« nennt, kann dafür eine Gefängnisstrafe von vier Monaten bekommen. Wer im Straßenverkehr einen Autofahrer als »Idiot« bezeichnet, muss damit rechnen, mehr als 1000 Euro Strafe zu zahlen. Auch die Nachbarin als »blöde Kuh« oder »Hexe« zu beschimpfen, kann mehr als 1000 Euro kosten.

Warum erwartete also ein Berliner Gericht zunächst, dass die Grünen-Politikerin Renate Künast damit leben soll, wenn sie in anonymen Internet-Posts als »Stück Scheisse« und als »Drecks Fotze« bezeichnet wird? Man kann aus dem recht umfangreichen Urteil vor allem zwei Gedanken

Nicht böse gemeint?

herauslesen: Weil sie Politikerin ist, müsse sie »in stärkerem Maße Kritik hinnehmen«, schrieb das Gericht in seiner ersten Entscheidung. Und es stellte fest, dass die Äußerungen auf einer Internet-Seite veröffentlicht wurden, wo sich Nutzer sozusagen die Bälle hin und her gespielt haben. Im Netz gelten besondere Regeln, lässt sich aus dem Urteil herauslesen. Und da könne man nicht viel machen.

Was geht? Gedanken von Wissenschaftlern

Sprachfachleute streiten seit einiger Zeit mit wissenschaftlichen Argumenten darüber, was geht und was nicht, wenn wir sprechen und schreiben. Es geht aber auch um Argumente, die etwas mit Geschmack oder Moral zu tun haben. Der Sprachwissenschaftler Anatol Stefanowitsch beispielsweise findet das Wort »Neger« so stark »historisch belastet«, dass er es nicht mehr benutzen will. Er schreibt vom »N~könig«, wenn er darüber nachdenkt, ob es richtig war, dass in dem Kinderbuch-Klassiker *Pippi Langstrumpf* aus Pippis Vater, der in den ersten Jahrzehnten als »Negerkönig« bezeichnet wurde, in

den Neuauflagen ab 2009 ein »Südseekönig« gemacht wurde.

Sein Argument: Das Wort »Neger« ist das Wort, das Menschen mit weißer Hautfarbe jahrhundertelang für Millionen von Menschen verwendet haben, die sie aus Afrika verschleppten, versklavten, folterten, vergewaltigten, töteten. Das deutsche »Neger«, oder noch derber das englische »Nigger« oder auch »Nigga«, sei daher ein Wort, in dem dieses beispiellose Verbrechen immer mitschwinge. Deswegen sollte man es einfach weglassen.

Nun wollten die Kinderbuchautorin Astrid Lindgren und ihre deutschen Übersetzer sicher nicht die Versklavung und Misshandlung von Menschen mit schwarzer Hautfarbe rechtfertigen oder verniedlichen, als sie vom »Negerkönig« schrieben. Auch darf man davon ausgehen, dass die Hersteller der Süßwaren, die heute üblicherweise »Schokoküsse« heißen, es nicht böse meinten, als sie früher von »Negerküssen« redeten und schrieben. Aber inzwischen haben viele Menschen über das Wort nachgedacht. Und sie sind zu dem Ergebnis gekommen: Wenn Wörter etwas damit zu tun haben, wie wir denken und wie wir die Welt sehen und gestalten, dann sollten wir Wörter, die die Welt schlechter machen, einfach weglassen. »Neger« zum Beispiel.

Wobei es auch Erlebnisse wie dieses gibt: Ein Zehntklässler aus München, dem man auf den ersten Blick ansieht, dass mindestens einer seiner Elternteile aus Afrika kommt, erklärt: »Ich darf Neger sagen. Die anderen nicht.« Und im Jahr 1973 hat der Afrojamaikaner Boris Gardiner ein Lied veröffentlicht mit dem Titel »Every nigger is a star«. Darin schreibt er auch vom Stolz der Menschen mit schwarzer Haut: »Black nigga's pride«. Ist es also doch in Ordnung, über »Nigger« oder »Nigga« zu sprechen? Wenn es beispielsweise ein Amerikaner oder Jamaikaner mit schwarzer Haut tut?

Ist es in Ordnung, wenn Menschen mit dunkler Haut »Nigger« sagen?

Lassen sich Beschimpfungen umdeuten?

Anschlussfrage: Ist es in Ordnung, jemanden als »schwul« zu bezeichnen? Mitte des 20. Jahrhunderts war »schwul« noch ganz klar ein Schimpfwort. Wobei man nicht vergessen darf, dass in Westdeutschland Homosexualität bis zum Jahr 1969 als Straftat galt, die auch in vielen Tausend Fällen tatsächlich von der Polizei und von Gerichten verfolgt wurde. Im Standard-Wörterbuch *Duden* wurde das Wort »schwul« bis 1967 deshalb gar nicht erst aufgeführt, obwohl es natürlich vorher schon im deutschen Sprachraum verbreitet war. Als der Duden es aufgriff, ergänzte die Redaktion etliche Jahre lang: »derb«. Ab Ende der 1960er-Jahre griffen aber immer mehr Männer, die Männer liebten, den als Schimpfwort gemeinten Begriff auf und machten ihn sich zu eigen.

Auch im englischen Sprachraum wollten Männer nicht mehr akzeptieren, dass ihre sexuelle Orientierung als Beschimpfung verwendet wurde: »gay«. Sie sprachen von »gay pride« – also vom »schwulen Stolz«. In Deutschland nannte man sich jetzt ganz bewusst »Schwulenbewegung«, weil man nicht mehr hinnehmen wollte, dass »schwul« als etwas Negatives galt. Männer, die Männer liebten, gründeten Schwulenzentren, schwule Gesangsvereine, schwule Sportgruppen. Und als der damalige Regierende Bürgermeister von Berlin, Klaus Wowereit, im Jahr 2001 sagte: »Ich bin schwul, und das ist auch gut so«, sollte das klarmachen: »Schwul« ist kein Schimpfwort, sondern einfach eine Beschreibung dessen, was jemand ist.

»Gay«, »schwul«, »lesbisch«: Früher Schimpfworte – später etwas, um Stolz zu zeigen.

Allerdings mussten die Männer, die Männer lieben, irgendwann feststellen: Ihr Kampf darum, was beim Wort »schwul« mitschwingt, ist nicht endgültig gewonnen. Es lässt sich seit einigen Jahren beobachten, dass »schwul« gerade unter Jugendlichen keineswegs ein neutrales Wort ist, das beschreibt, wer wen liebt. Es ist – wieder – ein Schimpfwort. Wenn an der Tafel steht, »Tom ist schwul«, findet Tom das anders, als wenn da stünde: »Tom ist sexy.«

Gendern oder nicht?

Wobei sich Sprache ständig wandelt. Die Menschen ändern die Spielregeln der Sprache laufend, mal unbewusst, mal bewusst. So hat sich in den vergangenen Jahrzehnten unter Menschen, die darüber nachdenken, was sie sagen, eingebürgert, von Männern und Frauen zu reden, wenn Männer und Frauen gemeint sind: »Lehrerinnen und Lehrer« etwa, statt einfach nur »Lehrer«. In der geschriebenen Sprache gibt es schon seit Jahrzehnten verschiedene Lösungen, um zu zeigen, dass nicht nur Jungs oder Männer gemeint sind: Lehrer/innen, Lehrer(innen), LehrerInnen, Lehrer*innen.

Andere Leute, die sich ebenfalls Gedanken über Sprache machen, halten das allerdings für eine Verhunzung des Deutschen, für »Gender-Wahnsinn«. Das englische Wort »gender« (deutsch »Geschlecht«) steckt im eingedeutschten Verb »gendern«, bei dem es darum geht, in der Sprache die Geschlechter gleichzustellen. »Schluss mit Gender-Unfug«, schrieb der Verein Deutsche Sprache im Frühjahr 2019 über einen Aufruf. Die Unterzeichner (unter denen auch Frauen waren) brachten darin Argumente, mit denen sie bei vielen Menschen auf Zustimmung stoßen. Ein Argument: Das grammatische Geschlecht habe nichts damit zu tun, ob das jeweilige Wesen einen Penis, eine Vagina oder nichts dergleichen besitzt: Wer »die Giraffe« sagt, meint nicht nur die Weibchen. Wer »das Pferd« sagt, meint nicht, dieses Tier wäre ein Neutrum, also weder Stute noch Hengst – auch wenn es grammatikalisch ein Neutrum ist.

Ein weiteres Argument: Sprachkonstruktionen wie »Studierende«, oder »Radfahrende« seien lächerlich. Und noch ein Argument: Die Sache sei nicht durchzuhalten. Wenn ein Bürgermeister den »Wählerinnen und Wählern« danke, dann müsste er sich selbst eigentlich auch »Bürgerinnen- und Bürgermeister« nennen. Und was käme dabei heraus, wenn man diese Politiker in der Mehrzahl »gendergerecht« benennt? »Bürgerinnen- und Bürgermeisterinnen und -meister« vielleicht? Schwierig ...

Aber es lässt sich auch anders argumentieren. Wie klingt der Satz »Franziska und Lena sind gute Schüler«? Wie klingt der Satz »Victoria und Elizabeth II. sind die besten Könige, die England je hatte«? Klingt eigenartig, oder? Und das, obwohl solche Sätze doch funktionieren sollten, wenn bei »Schüler« und »Könige« das weibliche Geschlecht immer mitgemeint ist.

Ist das ein König?

Und man sollte sich schon überlegen, worum es beim »Gendern« eigentlich geht, nämlich darum, auch in der Sprache immer wieder daran zu erinnern, dass Frauen auf der ganzen Welt bis heute nicht die gleichen Möglichkeiten und Chancen haben wie Männer. Frauen sind oft Opfer von Gewalt durch Männer – umgekehrt sind nur selten Männer Opfer von Gewalt durch Frauen. Frauen verdienen weniger als Männer. Frauen haben – weltweit betrachtet – weniger Zugang zu einer guten Ausbildung. Wer sich über »gendergerechte« Sprache Gedanken macht, zeigt damit, dass er sich auch über dieses Problem Gedanken macht: Wann werden Frauen endlich den Männern wirklich gleichgestellt sein?

Wobei beim Thema »gendergerechte Sprache« oder »politisch korrekte Sprache« eines erstaunlich ist: Oft müssen sich diejenigen, die sich durch bestimmte Formulierungen missachtet oder verletzt fühlen, für ihr Gefühl der Verletzung oder Missachtung rechtfertigen. Wenn Sinti und Roma erklären, dass sie nach vielen Jahrhunderten, in denen sie diskriminiert und verfolgt worden sind, keine Lust mehr haben, als »Zigeuner« bezeichnet zu werden, dann heißt es von Liebhabern des Wortes »Zigeuner«: »Diese Leute sind überempfindlich. Sollen wir jetzt Sinti-und-Roma-Schnitzel sagen, oder was?« Wenn der Comedian Chris Tall Witze über Rollstuhlfahrer oder Leute mit schwarzer Haut erzählt und ein Schwarzer mal nicht darüber lacht, ist der Kommentar von Chris Tall: »Der hat keinen Humor.« Er dürfe Witze über Schwarze und Rollstuhlfahrer machen, sagt Chris Tall, denn er mache ja selber auch Witze über sein eigenes Dicksein.

Aber wie wäre es, wenn Chris Tall in der U-Bahn einem anderen auf den Fuß steigt und der andere beschwert sich darüber? Würde Chris Tall dann auch sagen: »Hey, ich brauche mich nicht dafür zu entschuldigen, dass ich dir wehgetan habe – ich selbst habe nämlich auch kein Problem damit, wenn mir einer auf den Fuß steigt!« Vielleicht würde Chris Tall tatsächlich so etwas sagen. Eigenartig ist es trotzdem, wenn jemand, dem etwas wehtut, sich dafür rechtfertigen muss, dass ihm etwas wehtut – und sei es durch Worte.

Außerdem: Was ist mit Übergewichtigen, die keine Comedians sind und Geld damit verdienen, über ihre überflüssigen Kilos selbstironische Witze zu machen, so wie Chris Tall? Muss der von Gewichtsproblemen geplagte Niklas darüber lachen, wenn er hört: »Alle Kinder springen durch den Reifen – nur nicht Nick, der ist zu dick«? Und muss Nelson, dessen Eltern aus Afrika stammen, mitlachen, wenn zu ihm ein Mitschüler sagt: »Wirst du in der U-Bahn eigentlich oft beim Schwarzfahren erwischt?«

Kein Mensch, der beim Sprechen seinen Verstand einsetzt, braucht ein Wörterbuch, in dem steht, was er sagen darf und was nicht. Wer seinen Verstand einsetzt, wird ganz von selbst nichts von Fiqqhuren, Schwuchteln, Niggern, Vollbehinderten, Mongos oder Kanacken erzählen. Das sind Wörter, die die Welt nicht braucht. Nicht einmal als Spielzeug.

Chris Tall denkt, er dürfe über Dicke Witze machen, weil er selbst nicht ganz dünn ist.

Andere Wörter hingegen sind das vielleicht beste Spielzeug, das man sich ausdenken kann. Aber welchen Regeln folgt das Spiel mit der Sprache eigentlich? Gibt es da überhaupt Spielregeln?

SPIEL REGELN

12 SPRACHE ALS SPIELZEUG –
GANZ OHNE AKKU-PROBLEME

Wie Wörter wirr, wackelig wandern, wuchern, wachsen – wundersam, wunderbar!

"

→ Magisch ist die Sprache also. Doch ein Spielzeug ist sie auch.

Bemerkt? In dem Satz steckt ein besonders beliebtes Spiel: das Versspiel. Was würde der Deutschlehrer in der Unterrichtseinheit über Versmaße dazu sagen? »Das ist ein Trochäus: Mágisch íst die Spráche álso. Dóch ein Spíelzeug íst sie áuch. Ein vierhebiger Trochäus, um genau zu sein.«

Man muss aber gar nicht wissen, wie die verschiedenen Versmaße heißen – etwa Trochäus, Jambus, Daktylus, Anapäst –, um sie zu verwenden. Das machen Menschen manchmal ganz unbewusst. Manchmal tun sie es aber auch mit Absicht: um der Sprache spielerisch eine besondere Form zu geben.

„

Ähnlich ist es mit den Reimen. Manchmal rutschen sie in die Gedanken,
obwohl die eigentlich nur ein bisschen schwanken.
Doch am Ende hat man das Gefühl,
dass ein solches Spiel ...

... ja was?

Vielleicht albern wirkt? Peinlich?

Klar. Aber muss man unbedingt eine Panda-Maske tragen oder Goethe heißen, damit man sich vielleicht doch traut, mal etwas zu reimen? Zumal gerade Extremreime, wie etwa die Schüttelreime, ziemlich viel Spaß machen können, oder?

Als wir noch in der Wiege lagen,
dacht' niemand an den Liegewagen.
Nun können wir im Wagen liegen
und uns in allen Lagen wiegen.
Joachim Ringelnatz

Geht doch!

Dass Ottos Mops trotzt, klopft, kotzt (ogottogott!), hat sich im deutschen Sprachraum ziemlich weit herumgesprochen, seit der Dichter Ernst Jandl ein entsprechendes Gedicht verfasst hat. Seit Jahrzehnten animieren Lehrer ihre Schüler zu ähnlichen Sprachspielen. Warum auch nicht? Anna aß Ananas, Ingrid irrt in Indien.

Man muss nicht unbedingt immer ganz Neues erfinden beim Spielen mit der Sprache. Der Spieler kann auch gelungene Reime und Verse anderer hernehmen und sich von ihnen ein wenig inspirieren lassen.

Dann wird aus diesem hier ...

Kennst du das Land, wo die Zitronen blühn,
im dunkeln Laub die Goldorangen glühn,
ein sanfter Wind vom blauen Himmel weht,
die Myrte still und hoch der Lorbeer steht,
kennst du es wohl?

Dahin! Dahin
möcht' ich mit dir, o mein Geliebter, ziehn!

Johann Wolfgang von Goethe

... jenes hier:

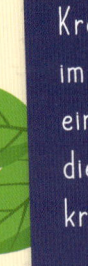

Kreubst du das Lerd, wo die Zertissen breun,
im dischen Lurb die Gonten-Schaffeln geun,
ein sichter Wold vom bluschen Hierzel waust,
die Mespe strall und hiech der Leubahr staust,
kreubst du es wirl?

Derfarn! Derfarn
meut' ich mit dir, o mein Gebeichler, zarn!

Hans Magnus Enzensberger

Stellt sich die Frage: War Herr Enzensberger noch ganz dicht, als er diese Zeilen schrieb? Egal, eines ist sicher: Goethe war Dichter.

Autsch. Kalaueralarm. Oder auch nur eine weitere Spieltaktik: Das Spiel mit dem Wortgleichklang, der Homophonie. Die ist auch der Kern für Tausende Witze – etwa für diesen: »Wo wohnen Katzen am liebsten? Im Miezhaus.«

Man muss nur ein bisschen hinschauen, und man findet Sprachspiele an Stellen, wo man es nun wirklich nicht unbedingt erwartet. Etwa auf Toiletten. Da werden Besitzer von Cafés oder Kneipen ausgesprochen kreativ, wenn es darum geht, auf den Türen der Männer- bzw. Frauentoilette das Wort »Männer« bzw. »Frauen« zu vermeiden. Bilder oder Symbole sind eine Lösung. Einzelne Buchstaben (»H« und »D«) sind eine andere. Aber man kann auch »Bla« und »Bla Bla Bla Bla Bla Bla ...« schreiben – weil ja Frauen angeblich mehr reden als Männer. Oder man schreibt genetische Informationen. Oder Dialekt-Wörter ...

Ernsthaftere Spiele

Wie spielen wir noch den ganzen Tag mit der Sprache? Wir zeichnen Bilder mit ihr. Alleine schon, dass man vom »Sprachbild« spricht, ist selbst ein Bild. Denn wenn jemand »der Himmel weint« sagt, statt »es regnet«, malt er zwar ein Bild, aber er nimmt dafür nicht Pinsel und Leinwand zur Hand. Sondern er benutzt Laute, Worte, Buchstaben.

Oft merken wir überhaupt nicht, dass ein Bild in den Wörtern steckt, die wir verwenden. Wenn jemand auf die Frage: »Wie ist das Wetter?«, antwortet: »Durchwachsen!«, dann denkt er nicht daran, dass er damit ein Wort benutzt, das eigentlich mal verwendet wurde, um Speck zu beschreiben: Der ist üblicherweise mit Fleisch und Fett durchwachsen. Und wenn der Angesprochene weiter sagt: »Die Temperatur soll heute aber immerhin auf 25 Grad klettern«, dann bricht die Temperatur natürlich nicht zu einer Bergtour auf.

Besondere Arten der Verschlüsselung bei der Beschriftung von Toilettentüren: Frauen haben die Chromosomen XX, Männer XY. – Über Frauen gilt das Klischee, dass sie mehr reden als Männer. – Oder Dialekt!

Versteckspiel

Ein besonderes Spiel mit Sprache ist dabei das Versteckspiel. Damit ist nicht gemeint, sich selbst hinter einen Baum zu stellen, damit die Mitspieler einen nicht sehen können – sondern das Rätsel. Das Verstecken von Lösungen in Wörtern: Nichts anderes ist jedes Rätsel. Selbst hinter Bilderrätseln stecken die Worte für das, was auf den entsprechenden Rätselbildern zu sehen ist.

Auch in diesem Buch ist ja etwas versteckt, auf ein bisschen spielerische Weise – wenn auch nicht unbedingt ein Rätsel. Darauf gab es ja schon weit vorne einen Hinweis. Wer die vorherigen Kapitel einigermaßen aufmerksam gelesen hat, dem wird es aufgefallen sein: Ein für das Leben grundlegender Stoff wird immer wieder in diesem Buch erwähnt, in einer ganz bestimmten Form. Für diejenigen, die das Versteckte noch nicht gefunden haben, ein kleiner Tipp – hier noch mal in Form eines Rätsels, das sich aber lösen lassen sollte: Es hat etwas mit folgenden Buchstaben und Zahlen zu tun: H_2O und 273,15 K.

REGISTER

Akronym 69

Anapäst 134

Cäsar-Alphabet 57, 59

Conlang 29, 30, 31, 39,
    40, 41, 42

Daktylus 134

Ellipse 69

Entlehnung 68, 75, 76

Framing 116

Geheimsprachen 59,
    61, 62, 63, 64, 65

Homophonie 136

Jambus 134

Jenisch 60, 62

Jiddisch 61

Jugendsprache 70, 71,
    72, 73

Kasseler Zauberhand-
    schrift 55, 56, 57

Klitisierung 67

Koronalisierung 67

Kryptologie 58

Lenisierung 67

Lexem 43, 68

Löffelsprache 60

Magie 5, 12, 15, 16,
    17, 18, 19, 20, 24,
    36, 104

Masematte 60, 61, 63

Metapher 68, 117,
    118, 121

Metathese 82, 83

Missverständnisse
    91, 92, 93, 101, 103

Morphem 43

Palindrom 13, 14

Phonem 43

Praeteritio 115

Präfigierung 67

P-Sprache 60

Rhetorik 115

Rotwelsch 62

Soziolekt 70, 71

Telepathie 17, 18, 19

Tiersprache 20 ff.

Trigger 15

Trochäus 134

Turing-Test 59

Volksetymologie 94

Voynich-Manuskript
    53, 54, 55, 64, 65

Zauberei 12, 15, 18, 19

Zaubersprüche 5, 8,
    10, 11, 52

VERWENDETE LITERATUR

100% Jugendsprache 2019. München: Langenscheidt 2018.

Aitchison, Jean: Language Change. New York: Universe Books 1985.

Androutsopoulos, Jannis K. / Scholz, Arno (Hg.): Jugendsprache. Linguistische und soziolinguistische Perspektiven. Frankfurt am Main u.a.: Peter Lang 1998.

Bargh, John; Chen, Mark; Burrows, Lara: »Automaticity of Social Behavior: Direct Effects of Trait Construct and Stereotype Activation on Action.« Journal of Personality and Social Psychology 1996, Vol. 71, No. 2, 230–244.

Baumann, Peter / Kaiser, Dieter: Die Sprache der Tiere. Stuttgart: Deutsche Verlags-Anstalt 1992.

Beutelsbacher, Albrecht: Geheimsprachen. Geschichte und Techniken. München: Beck [5]2012.

Bichakjian, Bernard H.: Language in a Darwinian Perspective. Frankfurt am Main u.a.: Peter Lang 2002.

Bickerton, Derek: Language and Species. Chicago u.a.: University of Chicago Press 1990.

Cavalli-Sforza, Luigi: Gene, Völker und Sprachen. München: Deutscher Taschenbuch Verlag 2001.

Chen, Keith M.: »The Effect of Language on Economic Behavior: Evidence from Savings Rates, Health Behaviors, and Retirement Assets American Economic Review 2013, 103(2): 690–731.

Chiang, Ted: Stories of your life and others. London: Picador 2015.

Christiansen, Morten H. / Kirby, Simon (Hg.): Language Evolution. Oxford: Oxford University Press 2003.

Corballis, Michael C.: From Hand to Mouth. The Origins of Language. Princeton/Oxford: Princeton University Press 2002.

Crystal, David: Die Cambridge Enzyklopädie der Sprache. Frankfurt/New York: Campus 1995.

Dahlmann, Mirja: Die althochdeutschen Zaubersprüche zwischen Christentum und Heidentum. Remda-Teichel: Edition Roter Drache 2007.

Debus, Friedhelm: Entwicklungen der deutschen Sprache in der Gegenwart – und in der Zukunft? Stuttgart: Franz Steiner Verlag 1999.

Deutscher, Guy: Im Spiegel der Sprache. München: Beck [2]2010.

Didczuneit, Veit (Hg.): Missverständnisse. Stolpersteine der Kommunikation. Heidelberg: Edition Braus 2008.

Dunbar, Robin: Grooming, Gossip and the Evolution of Language. Cambridge (Mass.): Harvard-University Press [2]1997.

Efing, Christian; Arich-Gerz, Bruno: Geheimsprachen. Geschichte und Gegenwart verschlüsselter Kommunikation. Wiesbaden: Marix 2017.

Ehmann, Hermann: Endgeil. Das voll korrekte Lexikon der Jugendsprache. München: Beck [2]2008.

Ehmann, Hermann: Oberaffengeil. Das neue Lexikon der Jugendsprache. München: Beck 1996.

Enzensberger, Hans Magnus: Geisterstimmen. Übersetzungen und Imitationen. Frankfurt am Main: Suhrkamp 1999.

Essig, Rolf-Bernhard: Holy Shit! Alles übers Fluchen und Schimpfen. Berlin: Rütten & Loening 2012.

Fischer, Steven Roger: Eine kleine Geschichte der Sprache. München: Deutscher Taschenbuch Verlag 2003.

Goethe, Johann Wolfgang: Wilhelm Meisters Lehrjahre. München: dtv 1997.

Grimm, Jacob: Geschichte der deutschen Sprache. Leipzig: Weidmannsche Buchhandlung 1848.

Haarmann, Harald: Babylonische Welt. Frankfurt/New York: Campus 2001.

Hardy, Stéphane; Herling, Sandra; Siewert, Klaus (Hg.): Kontrollierte Kommunikation. Hamburg: Geheimsprachen Verlag 2018.

Herz, Monika: Sei still mein Herz, die Bäume beten … München: Nymphenburger 2017.

Hijiya-Kirschnereit, Irmela (Hrsg.): Eine gewisse Farbe der Fremdheit. Aspekte des Übersetzens Japanisch-Deutsch-Japanisch. München: Iudicium 2001.

Hofmann, Hans-Rainer: Lachoudisch sprechen. Dinkelsbühl: Brunnen-Verlag 1998.

Holzmann, Verena: Ich beswer dich wurm und wyrmin. Formen und Typen altdeutscher Zaubersprüche und Segen. Bern: Peter Lang 2001.

Hundt, Markus: »Spracharbeit« im 17. Jahrhundert. Studien zu Georg Philipp Harsdörffer, Justus Georg Schottelius und Christina Gueintz. Berlin/New York: de Gruyter 2000.

Kluge, Friedrich: Etymologisches Wörterbuch der deutschen Sprache. Berlin/New York: de Gruyter [24]2002.

Kniele, Rupert. Das erste Jahrzehnt der Weltsprache Volapük. Überlingen: Schoy 1889.

Lachnit, Günther: Jugendsprache und Problemlösen. Osnabrück: Der Andere Verlag 2001.

Lakoff, George: Don't Think of an Elephant! Know Your Values and Frame the Debate: The Essential Guide for Progressives. White River Junction: Chelsea Green Publishing 2004.

Lindauer, Martin: Botschaft ohne Worte. Wie Tiere sich verständigen. München: Piper 1990.

Martino, Paolo: Abracadabra. Roma: Il calamo 1998.

Matthes, Jörg: Framing. Baden-Baden: Nomos 2014.

Müller-Thurau, Claus Peter: Lexikon der Jugendsprache. Düsseldorf und Wien: Econ 1985.

Neuland, Eva (Hg.): Jugendsprachen – Spiegel der Zeit. Frankfurt am Main u.a.: Peter Lang 2003.

Neuland, Eva: Jugendsprache. Tübingen: Francke [2]2018.

Nierhaus-Knaus, Edith: Geheimsprache in Franken. Das Schillingsfürster Jenisch. Rothenburg o.T.: Verlag J.P. Peter [2]1980.

Okrent, Arika: In the land of invented languages. New York: Spiegel & Grau 2009.

Önnerfors, Als: Antike Zaubersprüche. Stuttgart: Reclam 2006.

Peterson, David J.: The Art of Language Invention. New York: Penguin 2015.

Philippe, Benoît: Sprachwandel bei einer Plansprache am Beispiel des Esperanto. Konstanz: Hartung-Gorre Verlag 1991.

Pinker, Steven: The Stuff of Thought. Language as a Window into Human Nature. London: Penguin 2008.

Plansprachen und ihre Gemeinschaften. Beiträge der 11. Jahrestagung der Gesellschaft für Interlinguistik e.V. 23.–25. November 2001 in Berlin.

Pons-Wörterbuch der Jugendsprache. Stuttgart: Klett 2004.

Pons-Wörterbuch der Jugendsprache. Das Beste aus 15 Jahren. Stuttgart: Klett 2016.

Roper, Jonathan (Hg.): Charms, Charmers and Charming. International Research on Verbal Magic. New York: Palgrave Macmillan 2009.

Savage-Rumbaugh, Sue: Kanzi, der sprechende Schimpanse. München: Droemer Knaur 1995.

Schildt, Joachim: Kurze Geschichte der deutschen Sprache. Berlin: Volk und Wissen 1991.

Schramm, Stefanie; Wüstenhagen, Claudia: Das Alphabet des Denkens. Reinbek: Rowohlt [4]2017.

Schulz von Thun, Friedemann: Miteinander Reden. Störungen und Klärungen. Reinbek: Rowohlt [34]2001.

Sick, Bastian: Der Dativ ist dem Genitiv sein Tod. Köln: Kiepenheuer und Wisch 2004.

Siewert, Klaus: Geheimsprachen in Westfalen (3 Bände). Münster: Geheimsprachenverlag 2014.

Stefanowitsch, Anatol: Eine Frage der Moral. Warum wir politisch korrekte Sprache brauchen. Berlin: Duden 2018.

Störig, Hans Joachim: Abenteuer Sprache. München: Humboldt [2]1997.

Tannen, Doborah (Hg.): Framing in Discourse. New York/Oxford: Oxford University Press 1993.

Thibodeau, Paul; Boroditsky, Lara: »Metaphors We Think With: The Role of Metaphor in Reasoning.« PLoS ONE 6(2): e16782.

Tomasello, Michael: Constructing a language. Cambridge (Mass.): Harvard University Press 2003.

Veldtrup, Josef: Bargunsch oder Humpisch. Die Geheimsprache der westfälischen Tiötten. Münster: Aschendorf [2]1974.

Vonnegut, Kurt: Slaughterhouse Five. New York: Dell [5]1973.

Wehling, Elisabeth: Politisches Framing. Bonn: Bundeszentrale für politische Bildung 2017.

Whorf, Benjamin Lee: Sprache – Denken – Wirklichkeit. Beiträge zur Metalinguistik und Sprachphilosophie. Rowohlt: Reinbek 1984.

Wiese, Heike: Kiezdeutsch. Ein neuer Dialekt entsteht. München: Beck 2012.

Winawer, Johnathan; Witthoft, Nathan; Frank, Michael C.; Wu, Lisa; Wade, Alex R.; Boroditsky, Lera: »Russian blues reveal effects of language on color discrimination.« In: PNAS May 8, 2007 104 (19)7780–7785.

Wittgenstein, Ludwig: Tractatus logico-philosophicus. Frankfurt: Suhrkamp [7]1990.

Zimmer, Dieter E.: So kommt der Mensch zur Sprache. Über Spracherwerb, Sprachentstehung und Sprache & Denken. Zürich: Haffmanns [2]1987.

BILDNACHWEIS

gallery/ocClU, S. 56 u.r.http://kryptografie.de/kryptografie/chiffre/zauberhandschrift-kassel, S. 59 https://upload.wikimedia.org/wikipedia/commons/thumb/c/c4/Schottel%2C_Justus_Georg, S. 64 https://de.wikipedia.org/wiki/Liber_vagatorum#/media/Datei:Liber_Vagatorum_(Titelblatt),

S. 69 u.r. Anzeigenbeob_06-2019_01_Bundeswehr_Holma_Lassma_Tuma_HOCHformat, S. 86 https://www.horizont.net/news/media/25/Lidl-findet-sich-einfach-Hamma-249895-detailnp, S. 107 https://oelna.de/blog/wp-photos/2011-06-15/magnum_seven_sins_overview

TEXTNACHWEIS

S. 136 M.:
Hans Magnus Enzensberger: Geisterstimmen. Übersetzungen und Imitationen. © Suhrkamp Verlag Frankfurt am Main 1999. Alle Rechte bei und vorbehalten durch Suhrkamp Verlag Berlin

© 2020 arsEdition GmbH,
Friedrichstraße 9, D-80801 München
Alle Rechte vorbehalten
Lektorat: Uwe-Michael Gutzschhahn
Satz und Layout: Judith Jänsch
ISBN 978-3-8458-3062-9
www.arsedition.de

Es gibt noch mehr zu entdecken:

ISBN 978-3-8458-2273-0

ISBN 978-3-8458-1879-5

ISBN 978-3-8458-1525-1

ISBN 978-3-8458-3030-8

ISBN 978-3-8458-3192-3

ISBN 978-3-8458-3240-1